JN105424

＼はじめよう／
中国語音読
おんどく

初級編

【音声ダウンロード版】

李 軼倫

ASK

はじめに

中国語スピーチコンテストの審査員を担当したことが何回かあります。審査員は普通ネイティヴと日本人の教師両方いて、評価の基準も当然あるのですが、ネイティヴ審査員と日本人審査員の意見が分かれることがよくあります。これはとても興味深いことだと思ったのです。

審査員同士でこれについて何度か話し合ったところ、どうもネイティヴ審査員と日本人審査員が重視するところに違いがあるということが分かりました。大まかに言うと、日本人審査員は1つ1つ単体の発音の正確さを重視する傾向がある一方、ネイティヴ審査員は全体的な流暢さと自然さを重視する傾向があります。そのギャップから、判断結果の違いが生じたようです。

スピーチコンテストでは、両方の審査員の意見を総合判断して優勝順位を決めるので客観的な結果になっていると思いますが、普段、生徒の発音指導をする際、単体の発音の正確さと全体的な流暢さ・自然さのどちらも大事で、盲点があってはならないことを教師としてしみじみ思いました。また、その思いから、発音の正確さと全体的な自然さ両方鍛えられる音読練習の本が書きたいと思うようになりました。

この本には、日本人学習者にとって苦手な発音、間違いやすい発音をピックアップし、正確に発音できるコツがたくさん書いてあります。それらの発音に特に注意して練習すれば、効率よく発音の向上ができるでしょう。

また、全体的な流暢さ・自然さの改善については、この本では「チャンク（意味のかたまり）を意識する」という方法を提案しています。さらに、切れ目の入れ方や各種の構文の読み方など、音読のポイントもたくさん紹介してあります。これらのルールを活用し、チャンクを意識して何度も練習すれば、中国語のスピーキング力がきっと飛躍的に伸びるでしょう。

“冰冻三尺，非一日之寒（厚さ三尺の氷は一日の寒さではできない）”ということわざのとおり、ネイティヴのように自然に中国語を話せるようになるには時間がかかります。かと言って、気が向いた時だけ何時間も集中練習するのはよくありません。1日10分でもいいので、音読の習慣をつけたほうがより効果的だと思います。焦らず怠けずに頑張っていきましょう！

2019年12月　著者

目次

Part 1 自己紹介をしてみよう！

Part 2 趣味や仕事などについて言ってみよう！

Part 3 生活や食事などについて言ってみよう！

Part 4 健康やファッションなどについて言ってみよう！

本書の構成と使い方

本書のトレーニングは、大きく以下の3つのパートに分かれています。

1のウォームアップは、中国語の発音の基礎になりますので、再確認のため、2の本文60課を始める前に試してみましょう。学習者の方にわかりやすいように動画を用意しました。QRコードを読み取り視聴してください。もちろん、**ウォームアップをとばしPart1からスタートしていただいても構いません。**

2は、Part1自己紹介、Part2趣味や仕事など、Part3生活や食事など、Part4健康やファッションなど、内容によって、4つのパートに分かれています。「日本語訳」と「語句」で中国語本文の意味を確認した後、「音読アドバイス」、「常用表現をマスターしよう」を活用して、音読トレーニングを進めましょう。**構成とトレーニング方法については→p.8,9**

3の「チャンクトレーニング400＋」は、60の本文から切り出したチャンク（意味のかたまり）フレーズです。**本書の音声に収録されている本文のポーズで区切ったかたまりと必ずしも一致するものではありません。**これは、読み方によってチャンク（意味のかたまり）をさまざまにとらえることができるためです。そのため、文章の中でとらえるチャンクと「日本語→中国語」で覚えておいたほうがよい単体のチャンクとで若干異なる場合が出てきます。

チャンクフレーズを覚えることは、単語をより実践的に使うためにも有用であると考えます。この400程度のチャンクフレーズは、これから中国語を聞いたり、読んだりするインプットと、話したり書いたりアウトプットの両方で効果的に活かされるはずです。

メインの本文のページ

① 本文
80字程度の1回の音読にちょうどよい長さの文章を用意しました。60課のうち、前半では、自己紹介や趣味など、主に自分のことを説明します。そして後半では、身の周りのトピックについて説明をしていきます。下線部は「チャンクトレーニング400＋」（p.150～）の該当部分となります。

音声ファイル名
音声ファイルにはここに記載の名前と同じ名前がつけてあります。

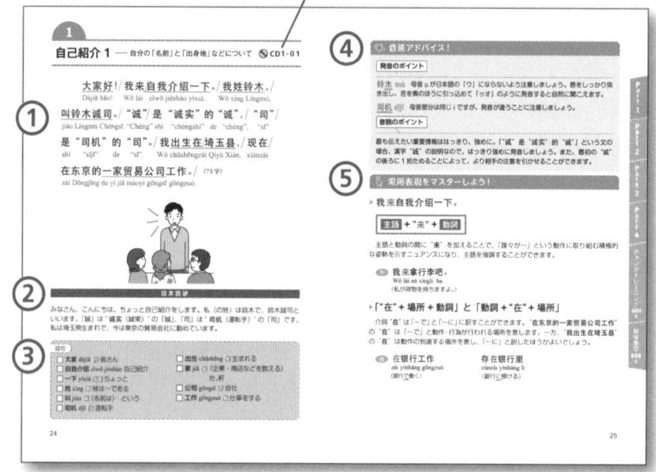

1
自己紹介 1 — 自分の「名前」と「出身地」などについて CD1-01

大家好！/ 我来自我介绍一下。/ 我姓铃木，/
Dàjiā hǎo! Wǒ lái zìwǒ jièshào yíxià. Wǒ xìng Língmù,
叫铃木诚司。/ "诚"/ 是 "诚实" 的 "诚"，/ "司"/
jiào Língmù Chéngsī. "Chéng" shì "chéngshí" de "chéng", "sī"
是 "司机" 的 "司"。/ 我出生在埼玉县，/ 现在/
shì "sījī" de "sī". Wǒ chūshēngzài Qíyù Xiàn, xiànzài
在东京的一家贸易公司工作。/ (73字)
zài Dōngjīng de yì jiā màoyì gōngsī gōngzuò.

日本語訳

みなさん、こんにちは。ちょっと自己紹介をします。私（の姓）は鈴木で、鈴木誠司といいます。「誠」は"誠実（誠実）"の「誠」、「司」は"司机（運転手）"の「司」です。私は埼玉県生まれで、今は東京の貿易会社に勤めています。

語句
- □ 大家 dàjiā 代 皆さん
- □ 自我介绍 zìwǒ jièshào 自己紹介
- □ 一下 yíxià 数量 ちょっと
- □ 姓 xìng 動 姓は～である
- □ 叫 jiào 動（名前は）という
- □ 司机 sījī 名 運転手
- □ 出生 chūshēng 動 生まれる
- □ 家 jiā 量（企業・商店などを数える）社、軒
- □ 公司 gōngsī 名 会社
- □ 工作 gōngzuò 動 仕事をする

24

音読アドバイス！

発音のポイント

铃木 mù　母音 u が日本語の「ウ」にならないよう注意しましょう。唇をしっかり突き出し、舌を奥のほうに引っ込めて「ゥオ」のように発音すると自然に聞こえます。

司机 sījī　母音部分は同じ i ですが、発音が違うことに注意しましょう。

音読のポイント

最も伝えたい重要情報ははっきり、強めに。「"诚" 是 "诚实" 的 "诚"」という文の場合、漢字"诚"の説明なので、はっきり強めに発音しましょう。また、最初の"诚"の後ろに1拍ためることによって、より相手の注意を引かせることができます。

常用表現をマスターしよう！

▶ 我来自我介绍一下。

主語 + "来" + 動詞

主語と動詞の間に"来"を加えることで、「誰々が～」という動作に取り組む積極的な姿勢を示すニュアンスになり、主語を強調することができます。

例 我来拿行李吧。
Wǒ lái ná xíngli ba.
（私が荷物を持ちますよ。）

▶「"在" + 場所 + 動詞」と「動詞 + "在" + 場所」

介詞"在"は「～で」と「～に」に訳すことができます。"在东京的一家贸易公司工作"の"在"は「～で」と動作・行為が行われる場所を表します。一方、"我出生在埼玉县"の"在"は動作の到達する場所を表し、「～に」と訳したほうがよいでしょう。

例 在银行工作　存在银行里
zài yínháng gōngzuò　cúnzài yínháng li
（銀行で働く）　（銀行に預ける）

25

② 日本語訳
意訳になり過ぎない程度の自然な日本語訳となっています。

④ 音読アドバイス！
発音のポイントを2つ、音読のポイントを1つ紹介しています。

③ 語句
本文中で中国語の漢字から想像しづらい単語や句を中心に取り上げています。巻末にはそれ以外の単語と句も含めて収録しました。

⑤ 常用表現をマスターしよう！
本文に出てきたよく使う表現を取り上げ、押さえておいた方がよい文法や構造を例文と共に説明しています。

本文の音読の最大のポイントは、1字や単語で読むのではなく、チャンク（意味のかたまり）を意識して読むこと。

上のことを意識するため、音声ファイルには、1つのファイルに**ノーマルスピード**のものと、**チャンク（意味のかたまり）で区切った音声(スロースピードではない)**が収録されています。

以下の3つのステップでトレーニングしてみましょう。

トレーニング方法

ステップ1｜まずノーマルスピードの音声を聞いて意味を確認します。

ステップ2｜次に、ポーズ付きの区切った音声について言ってみましょう。文をチャンクでとらえます。

ステップ3｜ノーマルスピードの音声と同じになるように、意味を意識しながら音読をしてみましょう。

チャンクトレーニング400＋

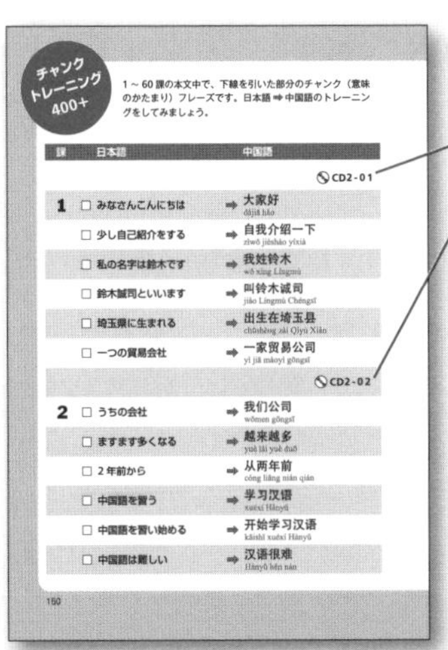

チャンクトレーニング400+

1～60課の本文中で、下線を引いた部分のチャンク（意味のかたまり）フレーズです。日本語 ➡ 中国語のトレーニングをしてみましょう。

課	日本語	中国語
		CD2-01
1	□ みなさんこんにちは	➡ 大家好 dàjiā hǎo
	□ 少し自己紹介をする	➡ 自我介绍一下 zìwǒ jièshào yíxià
	□ 私の名字は鈴木です	➡ 我姓铃木 wǒ xìng Língmù
	□ 鈴木誠司といいます	➡ 叫铃木诚司 jiào Língmù Chéngsī
	□ 埼玉県に生まれる	➡ 出生在埼玉县 chūshēng zài Qíyù Xiàn
	□ 一つの貿易会社	➡ 一家贸易公司 yì jiā màoyì gōngsī
		CD2-02
2	□ うちの会社	➡ 我们公司 wǒmen gōngsī
	□ ますます多くなる	➡ 越来越多 yuè lái yuè duō
	□ 2年前から	➡ 从两年前 cóng liǎng nián qián
	□ 中国語を習う	➡ 学习汉语 xuéxí Hànyǔ
	□ 中国語を習い始める	➡ 开始学习汉语 kāishǐ xuéxí Hànyǔ
	□ 中国語は難しい	➡ 汉语很难 Hànyǔ hěn nán

150

音声ファイル名

60の本文から切り出した**400**余りのチャンクフレーズが、日本語 ➡ 中国語の順番で収録されています。

※音声ファイル名の「CD1-～」「CD2-～」は、音声CD 2枚が付属していた初版本でのトラック番号表示です。音声ダウンロード版に移行後も、この番号をそのまま音声ファイル名として引き継いでいます。
音声のご利用方法は、p.10をご覧ください。

音声ダウンロードおよび動画の視聴方法

本書の音声、およびp.12・16・17・18・19の発音の解説動画は、下記のページからご利用いただけます。

アスク公式サイト　本書紹介ページ
https://www.ask-books.com/978-4-86639-643-9/

◎音声ダウンロード

zip 形式で圧縮されています。解凍してご利用ください。

◎「Apple Podcast」、「Spotify」で音声を聴く

Apple Podcast は、Apple Inc. の商標です。
Spotify は、Spotify AB の商標および登録商標です。

音声は、「Apple Podcast」または「Spotify」でもお聴きいただけます。

上記ページのリンクをクリック（タップ）すると再生リストが開き、そのまま聴きたいファイルをクリック（タップ）するだけで、オンラインでストリーミング再生されます。

「Apple Podcast」または「Spotify」のアプリをご利用いただくと、オフラインでの再生も可能です。

※オンラインでの再生はユーザー登録等の必要はありません。データ通信量の問題がございますので、Wi-Fi 等の環境での再生をおすすめします。

◎「audiobook.jp」アプリで音声をスマートフォンへダウンロード

「audiobook.jp」アプリをご利用の方は、下記ページから、シリアルコード「93209」を入力してダウンロードしてください。

https://audiobook.jp/exchange/ask-books

※初めて audiobook.jp アプリをご利用の方は、ご利用の前にアプリのダウンロード、およびユーザー登録が必要です。

◎動画の視聴

動画は、上記ページから、または本書上の QR コードで YouTube の視聴ページにアクセスしてご視聴ください。

◎ご希望の方には、別売りにて音声 CD をご用意いたします。詳しくは上記のアスク公式サイト本書紹介ページをご覧ください。

動画の視聴、音声ダウンロード方法等のお問い合わせ

アスクユーザーサポートセンター
https://www.ask-books.com/support/
メール：support@ask-digital.co.jp

ウォームアップ
準備体操

ウォームアップ① 声調

本文に入る前に、一旦初心に戻って、中国語の発音の基礎を再確認しましょう。

各声調の注意点

声調は中国語音読の基本中の基本。1つ1つの声調の特徴をしっかりつかみ、メリハリをつけて発音しましょう。

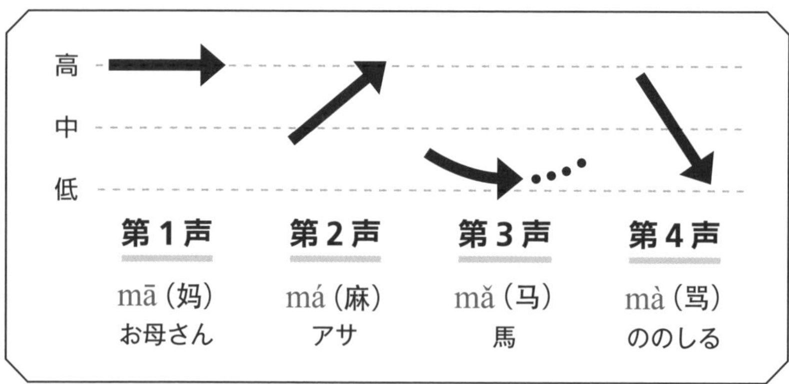

第1声

第1声は4つの声調のチューニングの基準になるのでとても大事です。入門・初級段階の学習者は、第1声を低く発音する傾向があります。第1声を低く発音してしまうと、他の声調も全体的に低くなり、区別が付きにくくなってしまいます。声調の高さは個人の声域によって違いますが、**第 1 声を高めに設定**することで、4 つの声調の幅が広くなり、メリハリがついて聴きやすくなります。

第 2 声

第 2 声は一気に上昇するのですが、速く読めばよいというわけではありません。うまく発音するポイントは、上昇の角度をやや大きくして急坂にすることです。**第 2 声の起点位置をやや低めに、終点を高め**にしましょう。坂が緩やか過ぎると、低めの場合には第 3 声に、高めの場合は第 1 声に聞こえてしまうので注意しましょう。

第 3 声

第 3 声は単独で発音するときや文末にある場合は、最後に少し上がることがありますが、それ以外の場合は上がらずに、**低く抑えたままで発音するのがコツ**です（第 3 声が連続の場合の変調は例外です）。また、単独や文末の第 3 声は必ず上げなければならないというわけでもなく、低いままで終わっても不自然ではありません。それに、単独や文末の第 3 声より文中に位置することが圧倒的に多いので、第 3 声は低く抑えて発音するのが基本だと思ったほうがよさそうです。

第 4 声

第 2 声と逆に、第 4 声は一気に下降する調子です。うまく発音するポイントは「急坂」にすることです。**起点位置を高めに、終点位置を低めにして坂を急にしましょう**。なお、第 2 声は音の強さを終点に近い後半のほうに置くのに対して、第 4 声の音の強さは起点に置き、続きは自由落下運動のように自然に下降させるようにしましょう。

◆補足：音節の長さについて◆

基本的に、中国語の音節は日本語の音節より長いです。音の長さが足りないと、それぞれの声調が区別しにくくなるので、各声調の特徴をしっかり出すために、ゆっくりはっきりと発音することを心がけましょう。

ウォームアップ② 音節

この一覧表が示したように、中国語の音節の数は非常に多いです。しかし、そのうちの大部分がそれほど練習しなくても正確に発音できるものです。

中国語音節一覧表

	子音＼母音	a	o	e	-i[ɿ]	-i[ʅ]	er	ai	ei	ao	ou	an	en	ang	eng	-ong	i	ia	iao	ie
	母音・子音のみの表記	a	o	e			er	ai	ei	ao	ou	an	en	ang	eng		yi	ya	yao	ye
唇音	b	ba	bo					bai	bei	bao		ban	ben	bang	beng		bi		biao	bie
	p	pa	po					pai	pei	pao	pou	pan	pen	pang	peng		pi		piao	pie
	m	ma	mo	me				mai	mei	mao	mou	man	men	mang	meng		mi		miao	mie
	f	fa	fo						fei		fou	fan	fen	fang	feng					
舌尖音	d	da		de				dai	dei	dao	dou	dan	den	dang	deng	dong	di	dia	diao	die
	t	ta		te				tai		tao	tou	tan		tang	teng	tong	ti		tiao	tie
	n	na		ne				nai	nei	nao	nou	nan	nen	nang	neng	nong	ni		niao	nie
	l	la	lo	le				lai	lei	lao	lou	lan		lang	leng	long	li	lia	liao	lie
舌根音	g	ga		ge				gai	gei	gao	gou	gan	gen	gang	geng	gong				
	k	ka		ke				kai	kei	kao	kou	kan	ken	kang	keng	kong				
	h	ha		he				hai	hei	hao	hou	han	hen	hang	heng	hong				
舌面音	j																ji	jia	jiao	jie
	q																qi	qia	qiao	qie
	x																xi	xia	xiao	xie
そり舌音	zh	zha		zhe		zhi		zhai	zhei	zhao	zhou	zhan	zhen	zhang	zheng	zhong				
	ch	cha		che		chi		chai		chao	chou	chan	chen	chang	cheng	chong				
	sh	sha		she		shi		shai	shei	shao	shou	shan	shen	shang	sheng					
	r			re		ri				rao	rou	ran	ren	rang	reng	rong				
舌歯音	z	za		ze	zi			zai	zei	zao	zou	zan	zen	zang	zeng	zong				
	c	ca		ce	ci			cai		cao	cou	can	cen	cang	ceng	cong				
	s	sa		se	si			sai		sao	sou	san	sen	sang	seng	song				

表記が特殊なものや、日本語にない音また混同しやすいものを集中して練習したほうが効果的ですね。**次ページでは、特に注意したい発音を取り上げました。**説明を読みながら練習してみましょう！

iou	ian	in	iang	ing	iong	u	ua	uo	uai	uei	uan	uen	uang	ueng	ü	üe	üan	ün
you	yan	yin	yang	ying	yong	wu	wa	wo	wai	wei	wan	wen	wang	weng	yu	yue	yuan	yun
	bian	bin		bing		bu												
	pian	pin		ping		pu												
miu	mian	min		ming		mu												
						fu												
diu	dian			ding		du		duo		dui	duan	dun						
	tian			ting		tu		tuo		tui	tuan	tun						
niu	nian	nin	niang	ning		nu		nuo			nuan	nun			nü	nüe		
liu	lian	lin	liang	ling		lu		luo			luan	lun			lü	lüe		
						gu	gua	guo	guai	gui	guan	gun	guang					
						ku	kua	kuo	kuai	kui	kuan	kun	kuang					
						hu	hua	huo	huai	hui	huan	hun	huang					
jiu	jian	jin	jiang	jing	jiong										ju	jue	juan	jun
qiu	qian	qin	qiang	qing	qiong										qu	que	quan	qun
xiu	xian	xin	xiang	xing	xiong										xu	xue	xuan	xun
						zhu	zhua	zhuo	zhuai	zhui	zhuan	zhun	zhuang					
						chu	chua	chuo	chuai	chui	chuan	chun	chuang					
						shu	shua	shuo	shuai	shui	shuan	shun	shuang					
						ru	rua	ruo		rui	ruan	run						
						zu		zuo		zui	zuan	zun						
						cu		cuo		cui	cuan	cun						
						su		suo		sui	suan	sun						

特に注意したい発音

無気音と有気音

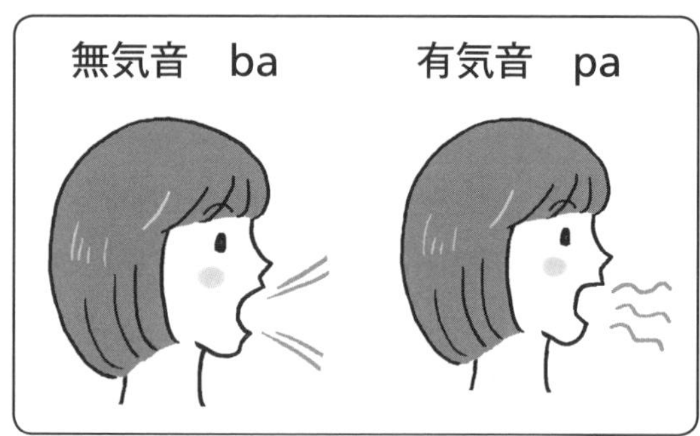

中国語の ba と pa は、日本語の「バ」と「パ」と違います。中国語の ba と pa は無気音と有気音のペアで、**息を多めに強く出すかどうかで区別**します。一方、日本語の「バ」と「パ」は有声音と無声音のペアで、声帯が震えるかどうかで区別します。「バ」と「パ」はいずれも強い息を伴わないので、それと同じ感覚で中国語の ba と pa を発音すると、ネイティヴの耳ではどちらも ba にしか聞こえません。無気音と有気音のペアはとても多いので、中国語をきれいに発音するには非常に重要です。

そり舌音

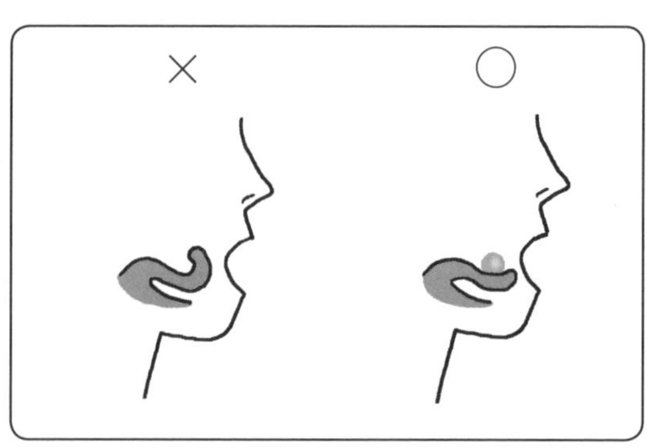

巻き舌音とも呼ばれるそり舌音 zh、ch、sh、r は日本語にない発音なので、練習が必要です。このシリーズの発音のコツは舌の形にありますが、舌は**「巻く」というより「反る」**のです。そして舌の真ん中を凹ませてスプーンの形にします。薬を飲み込む前に、舌に薬を載せているようなイメージで練習すると効果的です。

fとh

パソコンなど、日本語を入力する時、fuと打ってもhuと打っても「ふ」が出てきますね。中国語の子音fとhは全く違う音声なので、十分注意しましょう。fは英語と同じ要領で、上の歯で下の唇の内側に触れるようにしましょう。hを発音する時は、喉の通路を狭めて、息の摩擦音を出すのがコツです。

単母音e

口を半開きにし、舌が浮かばないように下の方に向かせます。下の顎に力を入れるイメージをしながら**喉の奥の方から発音**します。うまくできない場合、人差し指の先を噛みながら練習すると効果的です。

単母音u

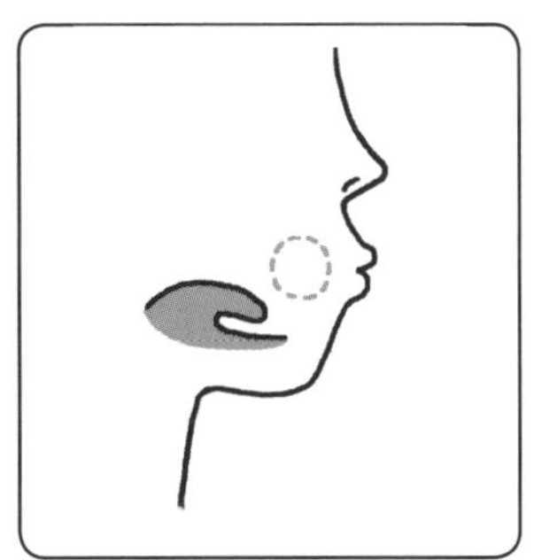

日本語の「ウ」ではないので十分注意しましょう。**唇を突き出して、舌を奥の方に引いて広い空間を作る**のがコツです。舌先はどこにも触れていません。

単母音 ü

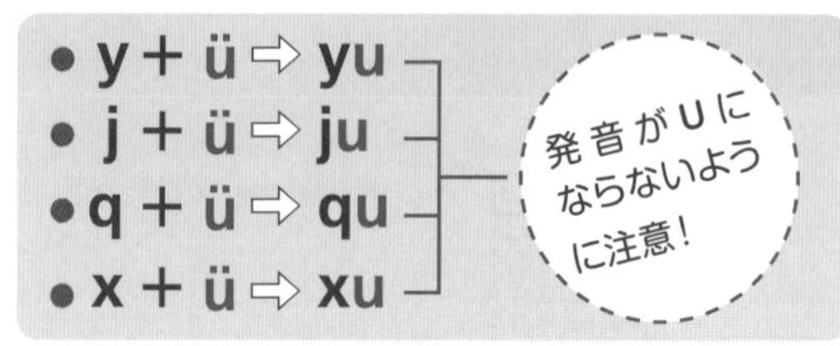

唇の形は u と同じで突き出して、舌先を下の歯茎のあたりに当てて発音します。u と交互で発音して、「唇の形が変わらないこと」と「舌先の位置が違うこと」を意識しながら練習すると効果的です。単母音 ü は子音がない場合、表記は yu となり点々が消えますが、音はあくまでも ü のままです。また、子音 j·q·x の後の ü も表記では上の点々が消えるので、**発音が u にならないように注意**しましょう。

複母音 iou・uei・uen

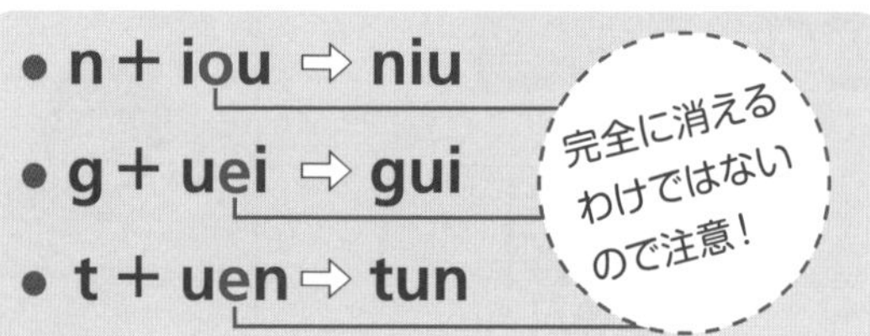

この 3 つの複母音は子音がない場合は、それぞれ you・wei・wen とつづりますが、子音が付く場合、間の o と e の音が若干弱くなるため、表記上では脱落してしまいます（例えば、niu・gui・tun）。しかし、**若干弱くなった音は完全に消えたわけではない**ので隠れている音には十分注意しましょう。ちょっと厄介なルールですが、“牛肉馄饨贵。Niúròu húntun guì.（牛肉のワンタンは高い）” という 1 つの文で全部覚えられますよ。

前鼻音 -n と後鼻音 -ng

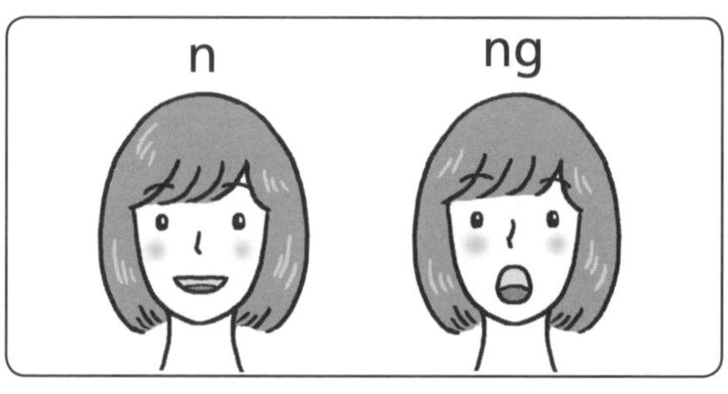

-n は、舌先が上の歯茎の辺りに当て、口の中の空間が狭く、口は横に開きます。-ng は、舌先は上げずに根元を喉の方へつけて、音を鼻に響かせます。-n と比較して、口の中の空間が広く、口は上下に開いています。

ウォームアップ③　チャンク

チャンク音読をしよう

本文の音読の最大のポイントは、1字や単語で読むのではなく、チャンク（意味のかたまり）を意識して読むこと。

全体的な流暢さ・自然さの改善について、この本では「チャンクを意識する」という方法を提案しています。言語学で言う「チャンク」とは、複数の語から構成される意味のかたまりのことです。電話番号を例にすると、09012345678の場合、0-9-0-1-2-3-4-5-6-7-8でも言いにくいし伝わりにくいでしょう。しかし090-1234-5678のように適宜に分けるとぐんと分かりやすくなりますね。ただの番号でさえそうなのですから、意味を持つ言語ならなおさらです。

学習者が中国語を読むまたは話す際、ポツポツに聞こえたり、切れ目がおかしかったりすることがけっこう多いです。それはただ熟練度の問題だけではなく、意味の単位つまりチャンクで捉えていないのが重要な原因だと思われます。チャンクを意識して読むことで流暢さと自然さが劇的に改善でき、会話もスムーズになります。この本では、切れ目の入れ方や各種の構文の読み方など音読のポイントもたくさん紹介してあります。これらを活用し、チャンクを意識して何度も練習すれば、中国語のスピーキング力がきっと飛躍的に伸びるでしょう。

次ページから7つほどチャンクで読むポイントをあげてみます。

例 1

1つのかたまりで

今天有点儿累，我不想出去，想在家休息。

今日は　ちょっと疲れている　出かけたくない　家で休んでいたい

音読のポイント ⇨ 第 7 課の「音読のポイント」が該当

▶ “有点儿累” のような「副詞＋形容詞」は 1 つのかたまり で読む。

▶ “不想出去” や “想在家休息” のような「助動詞＋動詞（句）」は 1 つのかたまりで読む。

例 2

1 拍置く

我小的时候／经常和小朋友们在这条河里游泳。

子どもの頃　いつも友達とこの川で泳いだ

音読のポイント ⇨ 第 20 課の「音読のポイント」が該当

▶ “我小的时候” のような時間を表すことばの後ろには 1 拍を置く。

例 3

切らない

去之前／你最好打电话确认一下

行く前に　電話をしてちょっと確認したほうがいい

音読のポイント ⇨ 第 18 課の「音読のポイント」が該当

▶ “打电话确认一下” のようなあまり長くない動詞や動詞句が 2 つ以上続く部分は、途中で切らないで一気に読む。

例4

切らない

这是我们在富士山顶上一起照的照片。

これは　私たちが富士山の山頂で一緒に撮った写真です

音読のポイント　⇨ 第19課の「音読のポイント」が該当

▶ “我们在富士山顶上一起照的” は、全部“照片” の連体修飾語です。この文のように、連体修飾語は途切れ途切れにならないようにスムーズにつなげましょう。

例5

切らない

这首歌非常有名，没有人不知道。

この歌は非常に有名で　知らない人はいない

音読のポイント　⇨ 第23課の「音読のポイント」が該当

▶ “没有人不知道（知らない人はいない）” のような二重否定の部分は、切らずにつなげて読みましょう。

例6

1つのかたまりで

我家离车站很远，你到了以后给我打个电话，我去接你。

私の家は　駅から遠い　着いたら　私に電話をしてください　迎えに行きます

音読のポイント　⇨ 第43課の「音読のポイント」が該当

▶ “离车站很远”“给我打个电话” のような介詞フレーズは、1つのかたまりで読みましょう。

1拍置く

做这个工作，需要过人的智慧、勇气／和丰富的经验。

この仕事をするには、優れた智慧・勇気と豊富な経験が必要だ

音読のポイント ⇨ 第32、40、60課の「音読のポイント」が該当

▶ 日本語の場合は「優れた智慧・勇気と／豊富な経験が必要だ」のように切れ目を入れるのが普通ですが、中国語の場合は“**和丰富的经验**”の前にポーズを置くのが一般的です。

以上、本書の中から音読のポイントをいくつか挙げてみました。チャンク音読をすることで、きちんと意味を意識して音読することになるので、自然な抑揚・強弱が身につきます。そうすることで、初級者～中級者が起こしやすい不自然な話し方をなくすことができ、自信を持った発話につながります。

チャンクを意識してトレーニングするために、巻末に「チャンクトレーニング400＋」(p.150～178 ）を用意しています。日本語→中国語を繰り返して丸ごと覚えるようにしましょう。

各課には発音のポイントを2つ、音読のポイントを1つ紹介してあります。他に、よく使う表現も毎回2つ入っているので、音読のレベルアップだけではなく、表現力もぐんと伸びるでしょう。では、文章を読んでいきましょう！

Part 1

自己紹介をしてみよう！

1

自己紹介 1 —— 自分の「名前」と「出身地」などについて CD1-01

大家好！/ 我来/自我介绍一下。/ 我姓铃木，/
Dàjiā hǎo! Wǒ lái zìwǒ jièshào yíxià. Wǒ xìng Língmù,

叫铃木诚司。/ “诚”/ 是 “诚实” 的 “诚”，/ “司”/
jiào Língmù Chéngsī. “Chéng” shì “chéngshí” de “chéng”, “sī”

是 “司机” 的 “司”。/ 我出生在/埼玉县，/ 现在/
shì “sījī” de “sī”. Wǒ chūshēngzài Qíyù Xiàn, xiànzài

在东京的一家贸易公司工作。/ (73字)
zài Dōngjīng de yì jiā màoyì gōngsī gōngzuò.

日本語訳

みなさん、こんにちは。ちょっと自己紹介をします。私（の姓）は鈴木で、鈴木誠司といいます。「誠」は“**诚实**（誠実）”の「誠」、「司」は“**司机**（運転手）”の「司」です。私は埼玉県生まれで、今は東京の貿易会社に勤めています。

語句

- □ **大家** dàjiā 代 皆さん
- □ **自我介绍** zìwǒ jièshào 自己紹介
- □ **一下** yíxià 数量 ちょっと
- □ **姓** xìng 動 姓は～である
- □ **叫** jiào 動 （名前は）…という
- □ **司机** sījī 名 運転手
- □ **出生** chūshēng 動 生まれる
- □ **家** jiā 量 （企業・商店などを数える）社、軒
- □ **公司** gōngsī 名 会社
- □ **工作** gōngzuò 動 仕事をする

音読アドバイス！

発音のポイント

铃木 mù　母音 u が日本語の「ウ」にならないよう注意しましょう。唇をしっかり突き出し、舌を奥のほうに引っ込めて「ゥオ」のように発音すると自然に聞こえます。

司机 sījī　母音部分は同じ i ですが、発音が違うことに注意しましょう。

音読のポイント

最も伝えたい重要情報ははっきり、強めに。「"诚"是"诚实"的"诚"」という文の場合、漢字"诚"の説明なので、はっきり強めに発音しましょう。また、最初の"诚"の後ろに 1 拍ためることによって、より相手の注意を引かせることができます。

常用表現をマスターしよう！

我来自我介绍一下。

主語 + "来" + **動詞**

主語と動詞の間に"**来**"を加えることで、「誰々が～」という動作に取り組む積極的な姿勢を示すニュアンスになり、主語を強調することができます。

例　我来拿行李吧。
Wǒ lái ná xíngli ba.
（私が荷物を持ちますよ。）

「"在"+ 場所 + 動詞」と「動詞 +"在"+ 場所」

介詞"**在**"は「～で」と「～に」に訳すことができます。"**在东京的一家贸易公司工作**"の"**在**"は「～で」と動作・行為が行われる場所を表します。一方、"**我出生在埼玉县**"の"**在**"は動作の到達する場所を表し、「～に」と訳したほうがよいでしょう。

例　在银行工作
zài yínháng gōngzuò
（銀行で働く）

存在银行里
cúnzài yínháng li
（銀行に預ける）

2

自己紹介 2 ── 自分の「中国語」について

CD1-02

最近几年/我们公司的中国业务/越来越多，/
Zuìjìn jǐ nián wǒmen gōngsī de Zhōngguó yèwù yuè lái yuè duō,

所以/我从两年前/开始学习汉语。/汉语很难，/可是/
suǒyǐ wǒ cóng liǎng nián qián kāishǐ xuéxí Hànyǔ. Hànyǔ hěn nán, kěshì

很有意思。/我的汉语说得还不好，/但我以后/也要
hěn yǒu yìsi. Wǒ de Hànyǔ shuōde hái bù hǎo, dàn wǒ yǐhòu yě yào

继续努力学习。/请大家/多多指教。/谢谢大家。/
jìxù nǔlì xuéxí. Qǐng dàjiā duōduō zhǐjiào. Xièxie dàjiā.

(80字)

日本語訳

最近数年、うちの会社の中国の業務がますます多くなってきたので、2年前から中国語を習い始めました。中国語は難しいですが、とても面白いです。私の中国語はまだ下手ですが、今後も頑張って勉強し続けたいと思っています。どうぞよろしくお願いします。皆さんありがとうございます。

語句

- ☐ **最近** zuìjìn 名 最近
- ☐ **几** jǐ 数 いくつか、いくらか
- ☐ **业务** yèwù 名 業務
- ☐ **越来越…** yuè lái yuè ますます…
- ☐ **所以** suǒyǐ 接続 …なので
- ☐ **从** cóng 介 …から
- ☐ **开始** kāishǐ 動 始める
- ☐ **说** shuō 動 言う、話す
- ☐ **还** hái 副 まだ、やはり
- ☐ **也** yě 副 …も
- ☐ **请** qǐng 動 どうぞ…してください
- ☐ **指教** zhǐjiào 動 指導する

音読アドバイス！

発音のポイント

<u>继续</u> xù　<u>努力</u> nǔ　xù と nǔ の母音部分は同じ u となっていますが、発音が違います。nǔ の u は普通の母音 u の発音ですが、xù の u は母音 ü の「··」が省略された形です（子音 j、q、x の後ろの ü は「··」が省略して、u と表記します）。

<u>指教</u> zhǐjiào　それぞれの子音 zh と j の違いに気をつけましょう。

音読のポイント

<u>说得还不好</u>　“说得还不好”のような「動詞＋“得”＋様態補語」は、間を入れずに１つのかたまりで読みましょう。

常用表現をマスターしよう！

▶ 中国业务越来越多。

“**越来越**～”は、「ますます～になる；だんだん～なる」という意味で、程度が時間の推移とともに高まることを表します。

例 这孩子越来越不听话了。
Zhè háizi yuè lái yuè bù tīnghuà le.
（この子はますます言うことを聞かなくなった。）

例 发音越来越好了。
Fāyīn yuè lái yuè hǎo le.
（発音がだんだんよくなってきた。）

▶ 谢谢大家！

日本語で自己紹介をする時、最後に「ありがとうございます」などを言うことは普通ありませんが、中国語では「以上です」のような締めくくる表現として、よく“**谢谢大家！**”を使います。

3

自己紹介 3 —— 自分の「生年月日」や「年齢」について CD1-03

我是1978年出生的，/今年41岁。/我的生日/是5月20号。/听说/5月20号/在中国/是“网络情人节”，/因为/“520”/跟“我爱你”的发音/比较像。/你的生日/是几月几号？/ (77字)

Wǒ shì yī jiǔ qī bā nián chūshēng de, jīnnián sìshiyī suì. Wǒ de shēngrì shì wǔ yuè èrshí hào. Tīngshuō wǔ yuè èrshí hào zài Zhōngguó shì “wǎngluò Qíngrén Jié”, yīnwei “wǔ èr líng” gēn “wǒ ài nǐ” de fāyīn bǐjiào xiàng. Nǐ de shēngrì shì jǐ yuè jǐ hào?

日本語訳

私は1978年生まれで、今年41歳です。誕生日は5月20日です。中国では、5月20日は「ネット上のバレンタインデー」だそうです。“wǔ èr líng”と“wǒ ài nǐ”の発音が比較的似ているから（そうなったらしい）です。あなたの誕生日は何月何日ですか。

語句

- □ **生日** shēngrì 名 誕生日
- □ **号** hào 量 日（にち）
- □ **听说** tīngshuō 動 …だそうだ
- □ **网络** wǎngluò 名 ネットワーク
- □ **情人节** Qíngrén Jié 名 バレンタインデー
- □ **因为** yīnwei 接続 …なので
- □ **跟** gēn 介 …と
- □ **发音** fāyīn 名 発音
- □ **比较** bǐjiào 副 比較的に
- □ **像** xiàng 動 似ている

音読アドバイス！

発音のポイント

十 shí　二桁の数字で、"二十"のような端数がない場合の"十"は shí と元の声調で読み、"四十一"のような端数がある場合は、間の"十"は軽声になるというルールがあります（ただ、区別しないネイティヴも多いので、あまりシビアになる必要はありません）。

发音 fā　子音 f の発音に注意しましょう。英語の f の発音と同じ要領で、必ず上の歯が下の唇の内側に触れるようにしてください。

音読のポイント

数字や番号はなるべくぶつ切りにならないように、滑らかにつなげて発音しましょう。

常用表現をマスターしよう！

▶ 我是 1978 年出生的。

すでに起きたことについて、そのことが起きた時間・場所・方式などを取り立てて述べる時、**"是～的"**のセットが使われます。

例 你是在哪儿出生的？
Nǐ shì zài nǎr chūshēng de?
（あなたはどこ出身ですか。）

例 我是打车来的。
Wǒ shì dǎchē lái de.
（私はタクシーで来ました。）

▶ 听说

"听说"は「（聞くところによると）～だそうだ、～と聞いている」という意味です。情報源を言う場合、**"听说"**の間に入れます。

例 听说他们俩要结婚了！
Tīngshuō tāmen liǎ yào jiéhūn le!
（あの 2 人が結婚するんだって！）

例 听天气预报说，周末可能会刮台风。
Tīng tiānqì yùbào shuō, zhōumò kěnéng huì guā táifēng.
（天気予報によると、週末台風が来るらしい。）

4

家族 ―― 自分の「家族」や「家庭」について

CD1-04

我家有五口人，/我有两个女儿、/一个儿子。/
Wǒ jiā yǒu wǔ kǒu rén, wǒ yǒu liǎng ge nǚ'ér、 yí ge érzi.

我爱人不工作，/不过/她又要照顾孩子们，/又要做
Wǒ àiren bù gōngzuò, búguò tā yòu yào zhàogù háizimen, yòu yào zuò

家务，/每天都很辛苦。/当然，/我在家的时候/也
jiāwù, měitiān dōu hěn xīnkǔ. Dāngrán, wǒ zài jiā de shíhou yě

尽量帮她分担一些家务。/ （70字）
jǐnliàng bāng tā fēndān yìxiē jiāwù.

日本語訳

私の家は 5 人家族で、娘が 2 人と息子が 1 人います。妻は働いていませんが、子どもたちの世話も家事もしなければならなくて毎日大変です。もちろん、家にいる時は、私もなるべく妻を助け家事を分担するようにしています。

語句

- □ **有** yǒu 動 ある、いる
- □ **口** kǒu 量 (家庭などの人数を数える)
- □ **个** ge 量 …個、…人
- □ **女儿** nǚ'ér 名 娘
- □ **儿子** érzi 名 息子
- □ **爱人** àiren 名 配偶者、夫、妻
- □ **不过** búguò 接続 ただし
- □ **照顾** zhàogù 動 世話をする、面倒をみる
- □ **辛苦** xīnkǔ 形 骨が折れる、つらい
- □ **尽量** jǐnliàng 副 できるだけ
- □ **帮** bāng 動 手伝う、助ける
- □ **一些** yìxiē 数量 いくらか、いくつか

音読アドバイス！

発音のポイント

五口人 rén　当然 rán　子音 r が l にならないように注意しましょう。r の発音をする時は、舌先は宙に浮いている状態で、どこにも触れていません（逆に、l の発音をする時は、日本語のラ行音と同じで、舌先は上の歯茎あたりに当たります）。

工作 zuò　不过 guò　「ゾー」「ゴー」のような音にならないよう、複母音 uo の発音に気をつけましょう。「u → o」（小→大）という口の開き具合の変化に注意してください。

音読のポイント

我家有五口人，我有两个女儿、一个儿子。中国語の「、」（顿号 dùnhào）は並列された語句の間に用い、音読する際、「，」（逗号 dòuhào）より間隔が短いです。

常用表現をマスターしよう！

▶ 她又要照顾孩子们，又要做家务，每天都很辛苦。

“**又～又…**” は、「～（だ）し、また…」という意味で、2 つ以上の動作や状態が重なることを表します。

例 她想跟又帅又有钱的男人结婚。
Tā xiǎng gēn yòu shuài yòu yǒu qián de nánrén jiéhūn.
（彼女はかっこよくてお金持ちの男と結婚したいと考えている。）

例 大家又唱又跳，高兴极了。
Dàjiā yòu chàng yòu tiào, gāoxìng jíle.
（みんな歌いながら踊っていて、最高に楽しかった。）

▶ 尽量帮她分担一些家务。

“**尽量**” は「なるべく、できるだけ」という意味を表す副詞です。

例 我会尽量帮忙的。
Wǒ huì jǐnliàng bāngmáng de.
（できるだけお手伝いします。）

例 尽量不给别人添麻烦。
Jǐnliàng bù gěi biéren tiān máfan.
（なるべく人にご迷惑をかけないようにする。）

5

ペット —— 自分の「ペット」ついて

CD1-05

我家养了一只狗，/它叫“巧克力”。/“巧克
Wǒ jiā yǎngle yì zhī gǒu, tā jiào “qiǎokèlì”. “Qiǎokè

力”/是一只柴犬，/它非常可爱。/我每天一回家，/
lì” shì yì zhī cháiquǎn, tā fēicháng kě'ài. Wǒ měitiān yì huí jiā,

它就跑过来迎接我。/我每天都得带它去散步，/虽
tā jiù pǎoguòlai yíngjiē wǒ. Wǒ měitiān dōu děi dài tā qù sànbù, suī

然/有点儿麻烦，/不过/很开心。/ (74字)
rán yǒudiǎnr máfan, búguò hěn kāixīn.

日本語訳

私の家は犬を1匹飼っていて、名前は「チョコレート」といいます。「チョコレート」は柴犬で、すごくかわいいです。家に帰ると、すぐ走ってきて出迎えてくれます。毎日散歩に連れて行かなければならなくてちょっと面倒ですが、楽しいです。

語句

- □ **养** yǎng 動 飼う
- □ **只** zhī 量（動物を数える）匹、頭
- □ **狗** gǒu 名 犬
- □ **回** huí 動 帰る
- □ **跑** pǎo 動 走る
- □ **迎接** yíngjiē 動 出迎える
- □ **都** dōu 副 皆、いずれも
- □ **得** děi 助動 …しなければならない
- □ **带** dài 動 引き連れる
- □ **去** qù 動 行く
- □ **虽然** suīrán 接続 …ではあるけれども
- □ **有点儿** yǒudiǎnr 副 少し
- □ **麻烦** máfan 形 面倒である
- □ **开心** kāixīn 形 楽しい

音読アドバイス！

発音のポイント

柴犬 cháiquǎn　子音 ch と q の発音が混同しないように注意。q を発音する時は舌が平らの状態です。ch はそり舌音で、舌はスプーンのようにくぼんだ形にします。

散步 sàn　虽然 rán　麻烦 fan　鼻母音 an の発音に注意。ang にならないように、舌をなるべく前に出して口の空間を狭めにします。「アェン」のように発音すると自然に聞こえます。

音読のポイント

它非常可爱。　"非常" のような程度が高いことを表す副詞は、気持ちを込めて強めに読むと語気もその分強調されます。気持ちに合わせて強弱を調整しましょう。

常用表現をマスターしよう！

我每天一回家，它就跑过来迎接我。

"一～就…" は、「～するとすぐ…、～すると必ず…」という意味で、2 つのことが相次いで起きることを表します。

例 他一有钱就花。
Tā yì yǒu qián jiù huā.
（彼はお金があるとすぐ使ってしまう。）

例 我一喝凉牛奶肚子就疼。
Wǒ yì hē liáng niúnǎi dùzi jiù téng.
（私は冷たい牛乳を飲むと必ずお腹が痛くなる。）

虽然有点儿麻烦，不过很开心。

"虽然～不过…" は「～だけれど、しかし…」と逆接を表す構文です。"不过" のかわりに、"但是" "可是" などを用いることもあります。

例 虽然有点儿辣，不过很好吃。
Suīrán yǒudiǎnr là, búguò hěn hǎochī.
（ちょっと辛いけれど、とてもおいしいです。）

例 虽然智能手机非常方便，但是不能过分依赖。
Suīrán zhìnéng shǒujī fēicháng fāngbiàn, dànshì bù néng guòfèn yīlài.
（スマホは非常に便利だけれど、頼り過ぎではいけない。）

6

日常 1 ── 自分の「朝起きてからの行動」について

CD1-06

我每天六点起床，/洗脸、/刷牙、/刮胡子之后/
Wǒ měitiān liù diǎn qǐchuáng, xǐliǎn、 shuāyá、 guā húzi zhīhòu

吃早饭。/我早上/一般吃烤面包，/喝咖啡。/我
chī zǎofàn. Wǒ zǎoshang yìbān chī kǎo miànbāo, hē kāfēi. Wǒ

常常/一边看新闻节目，/一边吃早饭。/我一般
chángcháng yìbiān kàn xīnwén jiémù, yìbiān chī zǎofàn. Wǒ yìbān

七点出门，/坐电车去上班，/八点半左右到公司。/
qī diǎn chūmén, zuò diànchē qù shàngbān, bā diǎn bàn zuǒyòu dào gōngsī.

(78 字)

日本語訳

私は毎日6時に起きます。顔を洗って、歯を磨いて、ひげそりをした後、朝ご飯を食べます。朝ご飯はいつもトーストとコーヒーで、よくニュース番組を見ながら食べています。いつも7時に家を出て、電車に乗って出勤します。8時半くらいに会社に着きます。

語句

- □ **起床** qǐchuáng 動 起きる
- □ **洗脸** xǐliǎn 動 顔を洗う
- □ **刷牙** shuāyá 動 歯を磨く
- □ **刮** guā 動 そる
- □ **胡子** húzi 名 ひげ
- □ **烤面包** kǎomiànbāo 名 トースト
- □ **喝** hē 動 飲む
- □ **常常** chángcháng 副 よく、しょっちゅう
- □ **新闻** xīnwén 名 ニュース
- □ **节目** jiémù 名 番組
- □ **出门** chūmén 動 外出する
- □ **坐** zuò 動 (乗り物に) 乗る
- □ **上班** shàngbān 動 出勤する
- □ **左右** zuǒyòu 方位 ぐらい
- □ **到** dào 動 着く

音読アドバイス！

発音のポイント

六点 liù 「子音＋ iou」の場合、iou の間の o が若干弱くなるため、ピンインの表記上、それを省いて iu となります。しかし o の音は完全に消えたわけではないので、「リュウ」ではなく「リォウ」のように発音したほうが自然に聞こえます。

左右 zuǒyòu それぞれの複母音 uo と ou に気をつけましょう。「ゾーヨー」のように単に音を伸ばすのではなく、「u → o」（小→大）と「o → u」（大→小）という口の開き具合の変化を意識しましょう。

音読のポイント

我常常一边看新闻节目，一边吃早饭。「～しながら…する」という意味の構文"一边～一边…"を読む時、"一边"の後に間を空けずにつなげて読むようにしましょう。

常用表現をマスターしよう！

一边看新闻节目，一边吃早饭。

"一边～一边…"は、「～しながら…する」という意味で、2 つのことを同時に行うことを表します。"一"を省略して"边～边…"の形もあります。

例 不要一边走路，一边看手机。
Búyào yìbiān zǒulù, yìbiān kàn shǒujī.
（歩きスマホはやめなさい。）

例 咱们边走边聊吧。
Zánmen biān zǒu biān liáo ba.
（歩きながら話しましょう。）

常常

"常常"は「いつも、しょっちゅう」という意味の副詞です。"常"だけでも同じ意味で使われます。

例 这个人最近常常上电视。
Zhèige rén zuìjìn chángcháng shàng diànshì.
（この人は最近よくテレビに出るね。）

例 你常来这家店吗?
Nǐ cháng lái zhèi jiā diàn ma?
（しょっちゅうこの店に来るの？）

7

日常 2 —— 自分の「昼休み」と「帰宅」について

CD1-07

中午休息时间，/我常在公司附近/吃拉面/或
Zhōngwǔ xiūxi shíjiān, wǒ cháng zài gōngsī fùjìn chī lāmiàn huò

牛肉饭什么的。/吃完午饭后/去咖啡厅喝一杯咖
niúròufàn shénmede. Chīwán wǔfàn hòu qù kāfēitīng hē yì bēi kā

啡，/然后就得回公司继续工作。/我们公司/五点下
fēi, ránhòu jiù děi huí gōngsī jìxù gōngzuò. Wǒmen gōngsī wǔ diǎn xià

班，/可是/经常加班，/所以/很少能按时回家。/ (78字)
bān, kěshì jīngcháng jiābān, suǒyǐ hěn shǎo néng ànshí huí jiā.

日本語訳

昼休みの時間は、いつも会社の近くでラーメンや牛丼などを食べます。食事の後に喫茶店でコーヒーを飲んだらすぐ会社に戻って仕事を続けなければなりません。うちの会社は5時に終わりますが、しょっちゅう残業をするので、定時に帰宅できることはめったにありません。

語句

- □ **中午** zhōngwǔ 名 昼
- □ **休息** xiūxi 動 休憩する
- □ **常** cháng 副 いつも、よく
- □ **附近** fùjìn 名 付近
- □ **拉面** lāmiàn 名 ラーメン
- □ **牛肉饭** niúròufàn 名 牛丼
- □ **什么的** shénmede 助 などなど、…とか
- □ **午饭** wǔfàn 名 昼食
- □ **咖啡厅** kāfēitīng 名 喫茶店
- □ **然后** ránhòu 接続 それから
- □ **下班** xiàbān 動 退勤する
- □ **经常** jīngcháng 副 いつも、しょっちゅう
- □ **加班** jiābān 動 残業する
- □ **按时** ànshí 副 時間通りに

音読アドバイス！

発音のポイント

拉面 miàn　「ミャン」ではないので要注意です。母音部分の ian は「イエン」のように発音すると自然に聞こえます。

回家 huí　「子音＋uei」の場合、uei の間の e が若干弱くなるため、ピンインの表記はそれを省いて ui となります。しかし e の音は完全に消えたわけではないので、注意が必要です。

音読のポイント

得回公司继续工作　能按时回家　助動詞は後ろの動詞または動詞フレーズの部分と離れないで、つなげて読むようにしましょう。また、一般的に、助動詞にアクセントを置くことはありません。

常用表現をマスターしよう！

▶ 吃拉面或牛肉饭什么的。

“什么的”は、「～など、～といったようなもの」という意味で、その類いのものを列挙する時に用いられます。

例 **摇滚乐、爵士乐什么的我都爱听。**
Yáogǔnyuè、juéshìyuè shénmede wǒ dōu ài tīng.
（ロックやジャズなどみな好きだよ。）

例 **你去买点儿果汁什么的。**
Nǐ qù mǎi diǎnr guǒzhī shénmede.
（ジュースとかを買ってきて。）

▶ 得回公司继续工作

“得”は「～しなければならない」という意味の助動詞です。

例 **我得走了。**
Wǒ děi zǒu le.
（もう行かなくっちゃ。）

例 **你明天得早起吧？**
Nǐ míngtiān děi zǎoqǐ ba?
（明日は早起きしなきゃいけなんでしょう？）

8

日常 3 —— 自分の「帰宅から寝るまで」について　CD1-08

我每天七点多到家。/到家时，/妻子已经做好了晚饭。/和家人一起吃晚饭/是一天中/最开心的时间。/之后，/我和孩子们一起/收拾饭桌、/洗盘子。/收拾完了/看一会儿电视，/然后/洗澡睡觉。/

Wǒ měitiān qī diǎn duō dào jiā. Dào jiā shí, qīzi yǐjīng zuò hǎole wǎnfàn. Hé jiārén yìqǐ chī wǎnfàn shì yì tiān zhōng zuì kāixīn de shíjiān. Zhīhòu, wǒ hé háizimen yìqǐ shōushi fànzhuō、xǐ pánzi. Shōushiwánle kàn yíhuìr diànshì, ránhòu xǐzǎo shuìjiào.

(79 字)

日本語訳

私は毎日 7 時過ぎに家に着きます。家に着くころには、妻がもう晩ご飯を用意してくれています。家族と一緒に晩ご飯を食べるのが、1 日の最も楽しい時間です。食事の後、子どもたちと一緒にテーブルの片付けと皿洗いをします。片付けたらしばらくテレビを見ます。その後お風呂に入って寝ます。

語句

- □ **妻子** qīzi 名 妻
- □ **已经** yǐjīng 副 すでに
- □ **和** hé 介 …と
- □ **家人** jiārén 名 家族
- □ **一起** yìqǐ 副 一緒に
- □ **收拾** shōushi 動 片付ける
- □ **饭桌** fànzhuō 名 食卓、テーブル
- □ **盘子** pánzi 名 皿
- □ **一会儿** yíhuìr 数量 しばらく
- □ **电视** diànshì 名 テレビ
- □ **洗澡** xǐzǎo 動 入浴する
- □ **睡觉** shuìjiào 動 眠る

音読アドバイス！

発音のポイント

妻子 qīzi　qi と zi の母音部分は同じ i とつづっていますが、発音が違うことに注意してください。

晚饭 wǎnfàn　时间 jiān　盘子 pán　电视 diàn　今回は、母音部分が an や ian のことばがとても多いです。「アン」「イアン」にならないよう、口を上下に開き過ぎないで空間を狭めてください。

音読のポイント

做好了晚饭　收拾完了　"做好"と"收拾完"はいずれも「動詞＋結果補語」の形です（"做＋好""收拾＋完"）。2つの語でできていますが、1語とみなして読みましょう。なお、後ろに"了""过"などの助詞が付く場合もひとかたまりで読みます。

常用表現をマスターしよう！

▶ 到家时，妻子已经做好了晚饭。

"～时"は、「～の時」という意味で、"～的时候"という形で言うこともあります。

例 上课时不要聊天。
Shàngkè shí búyào liáotiān.
（授業の時は私語をしてはいけません。）

例 别人有困难的时候要尽量帮忙。
Biéren yǒu kùnnan de shíhou yào jǐnliàng bāngmáng.
（人が困っている時はなるべく助けてあげましょう。）

▶ 看一会儿电视

"一会儿"は「しばらくの間、少しの間」という意味の数量詞です。また、「すぐ、まもなく」という意味の副詞としてもよく使われます。口語では yìhuǐr とも発音されます。

例 再等一会儿吧。 **数量詞**
Zài děng yíhuìr ba.
（もう少し待ちましょう。）

例 他一会儿就来。 **副詞**
Tā yíhuìr jiù lái.
（彼はまもなく来ます。）

9

週末 —— 自分の「週末によくすること」について　CD1-09

周末的时候/我不太愿意出去，/愿意在家里休
Zhōumò de shíhou　wǒ bú tài yuànyì chūqu,　yuànyì zài jiā li xiū

息。/不过，/有时候/我也和家人一起出去买买东西、/
xi.　Búguò,　yǒu shíhou wǒ yě hé jiārén yìqǐ chūqu mǎimai dōngxi、

看看电影什么的。/周末/我们常常去外面吃饭，/
kànkan diànyǐng shénmede. Zhōumò wǒmen chángcháng qù wàimiàn chīfàn,

全家人一起度过/轻松愉快的时间。/　(76字)
quán jiā rén yìqǐ dùguò qīngsōng yúkuài de shíjiān.

日本語訳

週末にはあまり外に出たくなくて、家で休むのが好きです。でも、家族と一緒に買い物したり映画を見たりすることもあります。週末はよく外で食事をし、家族全員で気楽で楽しい時間を過ごします。

語句

- □ **周末** zhōumò 名 週末
- □ **愿意** yuànyì 助動 …したいと思う
- □ **有时候** yǒushíhou 副 時には
- □ **买** mǎi 動 買う
- □ **东西** dōngxi 名 物
- □ **电影** diànyǐng 名 映画
- □ **外面** wàimiàn 方位 外
- □ **全** quán 形 全部の
- □ **度过** dùguò 動（時間を）過ごす
- □ **轻松** qīngsōng 形 気楽である

音読アドバイス！

発音のポイント

出去 chūqu　母音部分は同じ u となっていますが、発音が違います。子音 j、q、x の後ろの ü は「··」が省略されます。表記は u ですが、発音は ü のままです。

愉快 yúkuài　ü の前に母音がない場合は、y をつけ加え、「··」を省略して yu と表記しますが、発音は ü のままです。

音読のポイント

买买东西、看看电影　“买买”“看看”のような動詞の重ね型は、2つ目の動詞が軽声で発音されます。これは2音節動詞に関しても同じです。例：“收拾收拾 shōushishoushi”（ちょっと片付ける）。なお、“买”は第3声ですが、“买买”は実際 máimai というふうに発音されます。これは、第3声が連続すると、前が第2声に変わるというルールによる現象です。

常用表現をマスターしよう！

我不太愿意出去，愿意在家里休息。

“愿意”は、「(好んで)～したい」という意味で、否定だと「(嫌で)～したくない」というニュアンスを表す助動詞です。ただ「～したい／～したくない」より、「好き･苦手」の気持ちが込められた表現です。

例 你真的愿意跟他结婚吗?
Nǐ zhēn de yuànyì gēn tā jiéhūn ma?
（本当に彼と結婚したいと思っているの？）

例 我不愿意做那样的事。
Wǒ bú yuànyì zuò nàyàng de shì.
（私はあんなことをするのは嫌です。）

有时候我也和家人一起出去买买东西、看看电影什么的。

“有时候”は「時には、～することがある」という意味です。“有的时候”や“有时”のように使われることもあります。

例 有时候我想变成一只小鸟。
Yǒushíhou wǒ xiǎng biànchéng yì zhī xiǎoniǎo.
（小鳥になりたいなあと思うことがある。）

例 人生像大海一样，有时平静，有时汹涌。
Rénshēng xiàng dàhǎi yíyàng, yǒushí píngjìng, yǒu shí xiōngyǒng.
（人生は海のようで、平穏の時もあれば、荒れる時もある。）

10

家事 —— 自分の「家族分担など家事」について

CD1-10

在我家，/家务由大家一起来分担。/做饭、/打扫房间等/主要由妻子来做。/我负责晾衣服，/有时/也去超市买东西。/儿子负责打扫浴室，/晚饭后/收拾饭桌和餐具/是我和女儿的工作。/ (76字)

Zài wǒ jiā, jiāwù yóu dàjiā yìqǐ lái fēndān. Zuòfàn、 dǎ sǎo fángjiān děng zhǔyào yóu qīzi lái zuò. Wǒ fùzé liàng yīfu, yǒushí yě qù chāoshì mǎi dōngxi. Érzi fùzé dǎsǎo yùshì, wǎnfàn hòu shōushi fànzhuō hé cānjù shì wǒ hé nǚ'ér de gōngzuò.

日本語訳

我が家では、家事は皆で分担します。食事と部屋の掃除などは主に妻がやります。私は洗濯物を干すのを担当し、スーパーで買い物することもあります。息子はお風呂掃除係で、夕食後のテーブルや食器の片付けは私と娘の仕事です。

語句

- □ **由** yóu 介 …によって、…から
- □ **做饭** zuòfàn 動 ご飯を作る
- □ **打扫** dǎsǎo 動 掃除する
- □ **房间** fángjiān 名 部屋
- □ **主要** zhǔyào 形 主要な、主に
- □ **负责** fùzé 動 責任を負う、担当する
- □ **晾** liàng 動 干す
- □ **有时** yǒushí 副 時には
- □ **超市** chāoshì 名 スーパーマーケット
- □ **餐具** cānjù 名 食器

音読アドバイス！

発音のポイント

負责 zé　「ザ」や「ゾ」のような音にならないよう、母音 e の発音に注意しましょう。e を発音する時、口は半開き状態で、舌を奥に引っ込めています。人差し指を軽く噛んだままで練習すると効果的です。

超市 chāoshì　そり舌音 ch と sh の発音に気をつけましょう。そり舌音を発音する時、舌の真ん中の部分が凹んでいて、舌全体がスプーンのような形になっています。

音読のポイント

晾衣服　买东西　打扫浴室　收拾饭桌和餐具　「動詞＋目的語」の構造のフレーズは固まっているので、長めのものでもバラバラにならないようにしましょう。

常用表現をマスターしよう！

▶ 由大家一起来分担　　由妻子来做

“由”は介詞（前置詞）で、動作·行為を行う主体を導きます。本文のように、よく“由～来…”の形で、「～によって…する、～が / から…する」の意味を表します。

例 由总经理来领头干杯吧！
Yóu zǒngjīnglǐ lái lǐngtóu gānbēi ba!
（社長に乾杯の音頭をお願いします。）

例 这个工作由营业部负责。
Zhèige gōngzuò yóu yíngyèbù fùzé.
（この仕事は営業部が担当しています。）

▶ 我负责晾衣服　　儿子负责打扫浴室

“负责”は直訳すると「責任を負う」という意味ですが、よく「担当する」という意味で使われます。「担当者」は“负责人”と言います。また、“负责”には「責任感がある」という意味の形容詞の用法もあります。

例 我负责售后服务的工作。
Wǒ fùzé shòuhòu fúwù de gōngzuò.
（私はアフターサービスの仕事を担当しています。）

例 小王很负责，是个可以信赖的人。
Xiǎo Wáng hěn fùzé, shì ge kěyǐ xìnlài de rén.
（王さんは責任感があって信頼できる人です。）

11

季節・天気 ── 「日本の季節」や自分の「好きな季節」について

CD1-11

日本四季分明，/每个季节/都有各自的特点，/

Rìběn sìjì fēnmíng, měi ge jìjié dōu yǒu gèzì de tèdiǎn,

风景/也各不相同。/我最喜欢秋天，/因为/秋天不冷

fēngjǐng yě gè bù xiāngtóng. Wǒ zuì xǐhuan qiūtiān, yīnwei qiūtiān bù lěng

不热，/天高气爽。/而且/秋天的红叶/非常美，/好吃

bú rè, tiān gāo qì shuǎng. Érqiě qiūtiān de hóngyè fēicháng měi, hǎochī

的东西/也特别多。/你最喜欢哪个季节呢？/ (79字)

de dōngxi yě tèbié duō. Nǐ zuì xǐhuan něige jìjié ne?

日本語訳

日本は四季がはっきりしていて、どの季節もそれぞれの特徴があり、景色も違います。私は秋が一番好きです。秋は寒くも暑くもなく、空が高くて気持ちがいいです。それに、秋の紅葉が非常に美しいし、おいしい食べ物もすごく多いです。あなたはどの季節が好きですか。

語句

- □ **分明** fēnmíng 形 明らかである
- □ **季节** jìjié 名 季節
- □ **各自** gèzì 代 各自
- □ **特点** tèdiǎn 名 特徴、特色
- □ **相同** xiāngtóng 形 同じである
- □ **喜欢** xǐhuan 動 好きである、好む
- □ **爽** shuǎng 形 気分がよい、気持ちがよい
- □ **而且** érqiě 接続 かつ、その上
- □ **红叶** hóngyè 名 紅葉
- □ **哪个** něige 疑 どれ、どの

音読アドバイス！

発音のポイント

日本四季分明 rì sìjì　ri、si、ji の母音 i の発音にご注意ください。同じ i とつづっていても、それぞれの発音は全く違います。ji のような多くの i は、日本語の「イ」と同じ音ですが、zhi、chi、shi、ri グループと zi、ci、si グループの i は、前の子音を発音する口の形から自然に出る曖昧な音で、「イ」ではありません。

不冷不热 bù bú　"不" の声調は変化することがあります。第 1、2、3 声の前では第 4 声、第 4 声の前では第 2 声に発音します。ちなみに、辞書では声調変化が反映されていなく、すべて "不" の元の声調、第 4 声で表記されています。

音読のポイント

你最喜欢哪个季节呢？　第 3 声の発音に注意しましょう。文末や単独の第 3 声は低く抑えられた状態から解放した感じで少し上げることがありますが、そうでない場合はあくまでも低く抑えたままで、上げることはありません。

常用表現をマスターしよう！

▶ 每个季节都有各自的特点

"**每**" は単独で使うこともできますが、副詞 "**都**" と非常に相性がよく、セットで登場することが多いです。

例 他每年暑假都去冲浪。
Tā měinián shǔjià dōu qù chōnglàng.
（彼は毎年夏休みにサーフィンへ行きます。）

例 每朵花都是世界上唯一的花。
Měi duǒ huā dōu shì shìjiè shang wéiyī de huā.
（1 つ 1 つの花はどれも世界で唯一の花です。）

▶ 而且秋天的红叶非常美

"**而且**" は「しかも、それに、その上」という意味で、前に述べたことにさらに付け加えることを表します。

例 气温很高，而且很潮湿。
Qìwēn hěn gāo, érqiě hěn cháoshī.
（気温が高い上に湿度も高い。）

例 他很聪明，而且非常努力。
Tā hěn cōngming, érqiě fēicháng nǔlì.
（彼は頭がいいし、しかも努力家です。）

12

休暇 —— 自分の「休暇中の旅行」について

CD1-12

黄金周和暑假时，/我常和家人去旅游。/因为/
Huángjīnzhōu hé shǔjià shí, wǒ cháng hé jiārén qù lǚyóu. Yīnwei

是旅游旺季，/无论去哪儿/人都很多。/可是没办法，/
shì lǚyóu wàngjì, wúlùn qù nǎr rén dōu hěn duō. Kěshì méi bànfǎ,

因为/平时要上班，/只好这个时候去。/不过，/今年/
yīnwei píngshí yào shàngbān, zhǐhǎo zhèige shíhou qù. Búguò, jīnnián

我想请带薪假/去夏威夷旅游。/ (75字)
wǒ xiǎng qǐng dàixīnjià qù Xiàwēiyí lǚyóu.

日本語訳

ゴールデンウィークと夏休みは、私はよく家族と旅行をします。観光シーズンなので、どこへ行っても混んでいますが、仕方がありません。普段は仕事をしなければならないので、この時期に行くしかありません。しかし、今年は有給休暇を取ってハワイ旅行をしたいと思っています。

語句

- □ **黄金周** Huángjīnzhōu 名 ゴールデンウィーク
- □ **暑假** shǔjià 名 夏休み
- □ **旅游** lǚyóu 動 旅行する
- □ **旺季** wàngjì 名 最盛期
- □ **无论** wúlùn 接続 …にかかわらず
- □ **哪儿** nǎr 疑 どこ
- □ **没** méi 動 ない
- □ **办法** bànfǎ 名 方法
- □ **平时** píngshí 名 普段
- □ **只好** zhǐhǎo 副 …するほかない
- □ **这个** zhèige 代 これ、この
- □ **想** xiǎng 助動 …したい
- □ **请带薪假** qǐng dàixīnjià 有給休暇を取る
- □ **夏威夷** Xiàwēiyí 名 ハワイ

音読アドバイス！

発音のポイント

黄金周 huáng　「ファン」のような音にならないように注意しましょう。hu は「フ」ではありません。喉の奥で摩擦を起こし、強めに息を出すようにしましょう。

无论 lùn　母音 un の間に e の音が隠れています。「子音＋ uen」の場合、uen の間の e が若干弱くなるため、ピンインの表記はそれを省き un となります。しかし e の音は完全に消えたわけではないので、注意が必要です。

音読のポイント

今年 / 我想请带薪假 / 去夏威夷旅游 。　長めの文を読む時は、適宜切って読まなければなりません。以上の文のように、時間を表すことばの後ろには 1 拍置くことができます。また、「有給休暇を取りたい」「ハワイ旅行に行く」のように、チャンクを意識して読むと自然に聞こえます。

常用表現をマスターしよう！

▶ 无论去哪儿人都很多。

“无论〜都…” は、「〜であろうと…、どんなに〜でも…」という意味で、どんな状況・条件のもとでも、結果は変わらないことを表します。

例 无论是谁都必须守法。
Wúlùn shì shéi dōu bìxū shǒufǎ.
（誰であろうと、法律を守らなければなりません。）

例 无论你怎么说，我都不会改变主意。
Wúlùn nǐ zěnme shuō, wǒ dōu bú huì gǎibiàn zhǔyi.
（あなたが何と言おうと、私の考えは変わりませんよ。）

▶ 因为平时要上班，只好这个时候去。

“只好” は「〜するほかない、〜せざるを得ない」という意味で、ほかに選択する余地がないことを表します。

例 虽然不愿意，但只好答应了。
Suīrán bú yuànyì, dàn zhǐhǎo dāying le.
（嫌だったけれど、承知するほかなかった。）

例 在证据面前，他只好低头认罪。
Zài zhèngjù miànqián, tā zhǐhǎo dītóu rènzuì.
（証拠を目の前にして、彼は頭を下げて罪を認めるしかなかった。）

13

家 —— 自分の住んでいる「場所」や「環境」について

CD1-13

我家在东京的郊外。/虽然/周围的环境不错，/
Wǒ jiā zài Dōngjīng de jiāowài. Suīrán zhōuwéi de huánjìng búcuò,

但离车站比较远，/而且/房子也有点儿小。/随着
dàn lí chēzhàn bǐjiào yuǎn, érqiě fángzi yě yǒudiǎnr xiǎo. Suízhe

孩子们渐渐长大，/我们都觉得/房子越来越窄了。/
háizimen jiànjiàn zhǎngdà, wǒmen dōu juéde fángzi yuè lái yuè zhǎi le.

我想搬家，/换一个更宽敞舒适的地方。/ (77字)
Wǒ xiǎng bānjiā, huàn yí ge gèng kuānchang shūshì de dìfang.

日本語訳

私の家は東京の郊外にあります。周りの環境はよいのですが、駅からわりと遠いし、家もちょっと狭いです。子どもたちがだんだんと成長していくのにつれて、みんな家がますます狭くなったと感じています。より広くて快適な場所に引っ越したいと思っています。

語句

- □ **不错** búcuò 形 よい、すばらしい
- □ **离** lí 介 …から
- □ **车站** chēzhàn 名 駅
- □ **远** yuǎn 形 遠い
- □ **房子** fángzi 名 家
- □ **随着** suízhe 介 …につれて
- □ **渐渐** jiànjiàn 副 だんだん
- □ **长大** zhǎngdà 動 成長する
- □ **觉得** juéde 動 感じる
- □ **窄** zhǎi 形 幅が狭い
- □ **了** le 助 （状況の変化や新しい事態の発生を表す）
- □ **搬家** bānjiā 動 引っ越す
- □ **更** gèng 副 さらに、より
- □ **宽敞** kuānchang 形 広々としている
- □ **舒适** shūshì 形 快適である

音読アドバイス！

発音のポイント

车站 chēzhàn　それぞれの子音は ch と zh で、どちらもそり舌音です。舌の真ん中が凹んでいて、スプーンのような形にするのがコツです。ch は有気音なので、息を強めに出すようにしましょう。

舒适 shūshì　子音はどちらもそり舌音 sh ですね。「シュ」にならないよう、こちらも舌をスプーンの形にします（「シュ」のような音ですと、舌が平らになっています）。

音読のポイント

换一个更宽敞舒适的地方。　漢字は同じでも、声調が軽声かどうかで意味が変わってしまう場合があります。“地方 dìfang” なら「場所、ところ」という意味ですが、“地方 dìfāng” だと、「（中央に対して）地方」という意味になります。似たようなパターンとして以下のようなことばがあります。“东西 dōngxi（もの）”、“东西 dōngxī（東西）”。こういったことばの発音には十分注意しましょう。

常用表現をマスターしよう！

▶ 离车站比较远

“离” は「～から、～まで」という意味で、ある基準点となる場所や時からどのくらいの隔たりがあるのかを表す介詞（前置詞）です。介詞 “从” の用法とちょっと紛らわしいのですが、“从” の後に来るのは基準点ではなく起点・出発点です。

例 我们公司离涩谷不太远。
Wǒmen gōngsī lí Sègǔ bú tài yuǎn.
（うちの会社は渋谷からあまり遠くありません。）

例 离奥运会开幕不到半年了。
Lí Àoyùnhuì kāimù bú dào bàn nián le.
（オリンピック開幕まで半年を切りました。）

▶ 随着孩子们渐渐长大

“随着” は「～につれて…、～とともに」という意味です。

例 任何创伤都会随着时间的流逝而愈合。
Rènhé chuāngshāng dōu huì suízhe shíjiān de liúshì ér yùhé.
（どんな傷でも時間の流れで治る。）

例 随着人工智能技术的发展，很多工作都会被机器人取代。
Suízhe réngōng zhìnéng jìshù de fāzhǎn, hěn duō gōngzuò dōu huì bèi jīqìrén qǔdài.
（人工知能技術の発展につれて、多くの仕事はロボットに取って代わられてしまうだろう。）

コラム① 第3声の連続

“你好 nǐ hǎo” のように、第3声の音節が連続すると、前の音節の声調が第2声に変わります。表記は第3声のままですが、nǐ の発音は実際 ní になります。これについては、皆さんはもうよくご存知だと思います。では、第3声が3つ以上続くとどのようになるのでしょうか。

実は、第3声の音節が3つ以上続くと、話し手のスピードや切れ目の違いによっては、読み方もいろいろあって、唯一の正解はありません。しかし、ある程度の原則はあります。それは、「意味合いのかたまりで切る」ということです。

パターンa **领导 / 者**（指導者） lǐngdǎo/zhě
指導する / 者 （実際の声調：2声 2声 3声）

パターンb **米 / 老鼠**（ミッキーマウス） mǐ/lǎoshǔ
ミッキー / マウス （実際の声調：3声 2声 3声）

（「ミッキー」は“**米奇** Mǐqí”と訳されていて、“**米老鼠**”は“**米奇老鼠**”の略した言い方）

パターンc **往 / 左 / 拐**（左へ曲がる） wǎng/zuǒ/guǎi
へ / 左 / 曲がる （実際の声調：2声 2声 3声と
3声 2声 3声どちらでも可）

パターンaの場合は、必ず最初の2つの音節を全て第2声に変調します。パターンbの場合は、必ず真ん中の1つの音節だけを第2声に変調します。パターンcの場合はどちらも可能です。

いくつか試してみましょう。（カッコの中は実際の発音です）

买 / 水果 mǎi/shuǐguǒ（3 2 3）果物を買う

短跑 / 选手 duǎnpǎo/xuǎnshǒu（2 3 2 3）短距離選手

我 / 有 / 伞 wǒ/yǒu/sǎn（2 2 3 または 3 2 3）私は傘を持っている

我 / 很 / 想 / 洗澡。 Wǒ/hěn/xiǎng/xǐzǎo（3 2 3 2 3 または 2 2 3 2 3）
私はとてもお風呂に入りたい。

Part 2

趣味や仕事などについて言ってみよう!

14

趣味 1 —— 自分の趣味「旅行」について

CD1-14

我有很多爱好。/我喜欢看书、/看电影、/听音乐，/
Wǒ yǒu hěn duō àihào. Wǒ xǐhuan kàn shū, kàn diànyǐng, tīng yīnyuè,

还喜欢去国外旅行，/我去过很多国家。/最近/因为
hái xǐhuan qù guówài lǚxíng, wǒ qùguo hěn duō guójiā. Zuìjìn yīnwei

工作关系，/去中国的机会比较多，/但主要是去出差，/
gōngzuò guānxi, qù Zhōngguó de jīhuì bǐjiào duō, dàn zhǔyào shì qù chūchāi,

所以/几乎没有时间观光。/ (76字)
suǒyǐ jīhū méiyou shíjiān guānguāng.

日本語訳

私の趣味はたくさんあります。読書や映画・音楽鑑賞のほか、海外旅行も好きです。私はたくさんの国に行ったことがあります。最近は仕事の関係で、中国に行く機会がわりと多いです。しかし主に出張なので、観光する時間がほとんどありません。

語句

- □ **爱好** àihào 名 趣味
- □ **书** shū 名 本
- □ **听** tīng 動 聞く
- □ **过** guo 助 …したことがある
- □ **关系** guānxi 名 関係
- □ **机会** jīhuì 名 機会
- □ **出差** chūchāi 動 出張する
- □ **几乎** jīhū 副 ほとんど
- □ **没有** méiyou 動 ない
- □ **观光** guānguāng 動 観光する

音読アドバイス！

発音のポイント

我有很多爱好。wǒ yǒu hěn　第3声が3つ続いています。それぞれ独立した1文字の単語なので、「2声＋2声＋3声」でも「3声＋2声＋3声」でもOKですが、「2声＋2声＋3声」のように読むとより流暢で滑らかに聞こえます。

观光 guānguāng　声母音部分はそれぞれ uan と uang で、似ていますが、混同させないように注意してください。uan は、舌先をなるべく前へ、uang は、舌をなるべく奥へ引っ込めるようにしましょう。

音読のポイント

我去过很多国家。　「～したことがある」と経験の意味を表す"过"は常に軽声で、前の動詞と1つのかたまりになっています。後ろに長い目的語がある場合は、"動詞＋过"の後に1拍置くことができます。

常用表現をマスターしよう！

▶ 因为工作关系

"**因为～关系**"は「～の関係で」という意味で、"**因为～的关系**"のように言うこともあります。

例 因为时间关系，今天就到这里吧。
Yīnwei shíjiān guānxi, jīntiān jiù dào zhèli ba.
（時間の関係で、今日はこのあたりで終わりにしましょう。）

例 因为天气的关系，飞机延迟了起飞时间。
Yīnwei tiānqì de guānxi, fēijī yánchíle qǐfēi shíjiān.
（天候の関係により、飛行機の離陸時間が遅れた。）

▶ 几乎没有时间观光

"**几乎**"は「ほとんど、ほぼ」という意味の副詞です。

例 座席几乎都满了。
Zuòxí jīhū dōu mǎn le.
（ほぼ満席になっています。）

例 最近几乎每天都下雨。
Zuìjìn jīhū měitiān dōu xià yǔ.
（最近ほとんど毎日雨が降っています。）

15

趣味 2 ── 自分の趣味「外国語学習」について　CD1-15

我对外语很感兴趣。/去国外旅行时，/会说一些外语/不但方便，/而且很愉快。/我经常在坐电车的时候/听广播讲座学习外语。/我现在会说英语、/汉语和韩语，/以后/我还想学别的语言。/ (78字)

Wǒ duì wàiyǔ hěn gǎn xìngqù. Qù guówài lǚxíng shí, huì shuō yìxiē wàiyǔ búdàn fāngbiàn, érqiě hěn yúkuài. Wǒ jīngcháng zài zuò diànchē de shíhou tīng guǎngbō jiǎngzuò xuéxí wàiyǔ. Wǒ xiànzài huì shuō Yīngyǔ、Hànyǔ hé Hányǔ, yǐhòu wǒ hái xiǎng xué biéde yǔyán.

日本語訳

私は外国語にとても興味を持っています。海外へ旅行に行く時、少し外国語ができると便利だけでなく、とても楽しいです。私はいつも電車に乗っている時ラジオ講座を聞いて外国語を勉強しています。今は英語、中国語と韓国語が話せます。今後は他の言語も習いたいと思っています。

語句

- □ **对** duì 介 …について
- □ **外语** wàiyǔ 名 外国語
- □ **兴趣** xìngqù 名 興味
- □ **会** huì 助動 …することができる
- □ **不但** búdàn 接続 …ばかりでなく
- □ **方便** fāngbiàn 形 便利である
- □ **广播** guǎngbō 名 放送
- □ **讲座** jiǎngzuò 名 講座
- □ **韩语** Hányǔ 名 韓国語
- □ **别的** biéde 代 別の
- □ **语言** yǔyán 名 言語

音読アドバイス！

発音のポイント

我对外语很感兴趣 。yǔ hěn gǎn　また第3声が3つ続いています。ここは「3声＋2声＋3声」のように発音すると自然ですね。

愉快 kuài　经常 cháng　有気音の発音に注意しましょう。有気音をうまく発音できない方は、スローモーションのように、子音を長めに伸ばしてから母音をつなげるというふうに練習すると効果的ですよ。

音読のポイント

在坐电车的时候　時間を表す修飾語は、長めのものでもなるべく途切れないで一気に読めるように頑張りましょう。

常用表現をマスターしよう！

▶ 对外语很感兴趣

“对～感兴趣”は「～に興味がある」という意味です。「～に興味がない」は“对～不感兴趣”となります。“对～有 / 没有兴趣”というふうに言うこともできます。

例 你对什么有兴趣?
Nǐ duì shénme yǒu xìngqù?
（あなたは何に興味がありますか。）

例 他对棒球完全不感兴趣。
Tā duì bàngqiú wánquán bù gǎn xìngqù.
（彼は野球に全く興味がありません。）

▶ 不但方便，而且很愉快

“不但～而且…”はよくセットで使われ、「～だけでなく、しかも…」という意味を表します。

例 这个歌手不但唱得好，而且会作词、作曲。
Zhèige gēshǒu búdàn chàngde hǎo, érqiě huì zuòcí、zuòqǔ.
（この歌手は歌が上手なだけでなく、作詞と作曲もできます。）

例 抽烟不但对自己的健康有害，而且也影响他人。
Chōuyān búdàn duì zìjǐ de jiànkāng yǒuhài, érqiě yě yǐngxiǎng tārén.
（たばこは自分の健康に害があるだけでなく、他人の迷惑にもなります。）

16

趣味 3 —— 自分の趣味「スポーツ」について

CD1-16

我上小学时/打棒球，/上初中后/开始踢足球，/
Wǒ shàng xiǎoxué shí dǎ bàngqiú, shàng chūzhōng hòu kāishǐ tī zúqiú,

上大学时/还参加了网球社团。/工作以后，/运动的
shàng dàxué shí hái cānjiāle wǎngqiú shètuán. Gōngzuò yǐhòu, yùndòng de

时间/减少了，/体重/却增加了。/不过/我现在也很喜
shíjiān jiǎnshǎo le, tǐzhòng què zēngjiā le. Búguò wǒ xiànzài yě hěn xǐ

欢运动，/经常和儿子/一起玩儿投接球。/（78 字）
huan yùndòng, jīngcháng hé érzi yìqǐ wánr tóujiēqiú.

日本語訳

私は小学校の時は野球をやっていました。中学に入ってからはサッカーをはじめました。大学ではさらにテニスのサークルに入りました。仕事をするようになってからは、運動する時間が減り、逆に体重が増えました。しかし今でもスポーツが好きで、いつも息子とキャッチボールをしています。

語句

- □ **上** shàng 動 通う
- □ **小学** xiǎoxué 名 小学校
- □ **打** dǎ 動（スポーツなどを）する
- □ **棒球** bàngqiú 名 野球
- □ **初中** chūzhōng 名 中学
- □ **踢** tī 動 ける、（サッカーを）する
- □ **足球** zúqiú 名 サッカー
- □ **网球** wǎngqiú 名 テニス
- □ **社团** shètuán 名 サークル
- □ **却** què 副 かえって
- □ **玩儿** wánr 動 遊ぶ
- □ **投接球** tóujiēqiú 名 キャッチボール

音読アドバイス！

発音のポイント

运动 yùn　母音ünに子音が付かない場合、表記はyunとなります。「··」は消えますが、発音は ün のままですので、気をつけましょう。

玩儿 wánr　“玩 wán” のような n で終わる音節が r 化する場合、n の音が脱落して wár のように発音します。

音読のポイント

运动的时间减少了，体重却增加了。　「運動する時間は減り、その一方、体重は増えた」のような対比の文は、対比する部分を強めに読みましょう。この文の場合、“运动的时间” と “体重” を強調して読むと気持ちが伝わりやすくなります。

常用表現をマスターしよう！

▶ 上大学时还参加了网球社团。

“还” はいろいろな使い方がある重要な副詞ですが、ここでは「さらに、その上」という意味で、項目や数量の追加、範囲の拡大を表します。

例 **您还要点儿什么?**
Nín hái yào diǎnr shénme?
(【買い物の場合】ほかに何かご入用ですか。)
(【注文の場合】ほかに何かご注文なさいますか。)

例 **我家有五口人，还养了一只狗。**
Wǒ jiā yǒu wǔ kǒu rén, hái yǎngle yì zhī gǒu.
(うちは 5 人家族で、(さらに) 犬も 1 匹飼っています。)

▶ 体重却增加了。

“却” は逆接を表す副詞で、「～のに、ところが、かえって」などの意味を表します。

例 **学了很长时间却没有什么进步。**
Xuéle hěn cháng shíjiān què méiyou shénme jìnbù.
(長い時間学んでいたが大した進歩がない。)

例 **工资没有涨，税金却越来越高。**
Gōngzī méiyou zhǎng, shuìjīn què yuè lái yuè gāo.
(給料は上がっていないのに、税金がどんどん高くなる。)

17

趣味 4 ── 自分の趣味「写真」について

CD1-17

照相/也是我的爱好之一。/我有好几台单反相机，/还买了不少镜头。/可这几年/我一直很忙，/几乎没有时间/带着这些东西出去拍照。/结果，/花了不少钱买的器材/一年也用不了几次。/ (77字)

Zhàoxiàng yě shì wǒ de àihào zhī yī. Wǒ yǒu hǎojǐ tái dānfǎn xiàngjī, hái mǎile bù shǎo jìngtóu. Kě zhè jǐ nián wǒ yìzhí hěn máng, jīhū méiyou shíjiān dàizhe zhèixiē dōngxi chūqu pāizhào. Jiéguǒ, huāle bù shǎo qián mǎi de qìcái yì nián yě yòngbuliǎo jǐ cì.

日本語訳

写真も私の趣味の 1 つです。私は一眼レフカメラを何台も持っていて、レンズもたくさん購入しました。しかし、ここ数年ずっと忙しくて、機材を持って写真を撮りに行く時間がほとんどありません。結局のところ、大金をかけて購入した機材が 1 年に何回も使えません。

語句

- □ **照相** zhàoxiàng 動 写真を撮る、撮影する
- □ **好几** hǎojǐ 数（数量の多いことを表す）…も
- □ **台** tái 量（機械などを数える）台
- □ **单反相机** dānfǎn xiàngjī 名 一眼レフカメラ
- □ **不少** bù shǎo 多い
- □ **镜头** jìngtóu 名 レンズ
- □ **可** kě 接続 しかし
- □ **一直** yìzhí 副 ずっと
- □ **忙** máng 形 忙しい
- □ **着** zhe 助（状態の持続を表す）…ている
- □ **花** huā 動 使う
- □ **钱** qián 名 お金

音読アドバイス！

発音のポイント

器材 qìcái　どちらも有気音なので、息を強めに出すようにしましょう。

用不了 yòngbuliǎo　“用不了”は「使うことができない」という意味で、「動詞＋“不了”」という可能補語の形です。このパターンの“不”は軽声で、“了”は liǎo と発音します。

音読のポイント

好几台 hǎojǐ tái　这几年 zhè jǐ nián　几次 jǐ cì　疑問詞なのに疑問を表さない場合があります（以上はそれぞれ「何台も」「ここ数年」「何回か」という意味です）。その場合、疑問詞を軽めに発音します。

常用表現をマスターしよう！

▶ 我有好几台单反相机

“好几”は量詞や数詞の前につけて、数量が多いことを表します。

例 我们已经好几年没见了。
Wǒmen yǐjīng hǎojǐ nián méi jiàn le.
（私たちはもう何年も会っていません。）

例 好几万人参加了抗议游行。
Hǎojǐ wàn rén cānjiāle kàngyì yóuxíng.
（数万人もの人が抗議のデモに参加しました。）

▶ 结果，花了不少钱买的器材一年也用不了几次。

接続詞“结果”は「結局のところ、最終的に」という意味を表します。

例 犹豫了好久，结果还是没买。
Yóuyùle hǎo jiǔ, jiéguǒ háishi méi mǎi.
（散々迷っていたが、結局買わなかった。）

例 两个人交往了好几年，结果分手了。
Liǎng ge rén jiāowǎngle hǎojǐ nián, jiéguǒ fēnshǒu le.
（2 人は何年も付き合っていたのに、結局別れてしまった。）

18

趣味 5 ── 自分の趣味「博物館」について

CD1-18

我喜欢去博物馆看各种展览。/在安静的博物
Wǒ xǐhuan qù bówùguǎn kàn gèzhǒng zhǎnlǎn. Zài ānjìng de bówù

馆里，/欣赏有名的书画/或古老的文物/不但很有意
guǎn li, xīnshǎng yǒumíng de shūhuà huò gǔlǎo de wénwù búdàn hěn yǒu yì

思，/而且觉得很放松。/最近，/在有的博物馆里，/
si, érqiě juéde hěn fàngsōng. Zuìjìn, zài yǒude bówùguǎn li,

还可以用耳机听外语的语音解说呢。/ (77字)
hái kěyǐ yòng ěrjī tīng wàiyǔ de yǔyīn jiěshuō ne.

日本語訳

私は博物館で様々な展示を見るのが好きです。静かな館内で有名な書画、あるいは古い文物を鑑賞するのはとても楽しいし、リラックスができます。最近、イヤホンで外国語の音声ガイドが聞ける博物館もありますよ。

語句

- □ **各种** gèzhǒng 形 さまざまな
- □ **安静** ānjìng 形 静かである
- □ **欣赏** xīnshǎng 動 鑑賞する
- □ **古老** gǔlǎo 形 古い
- □ **放松** fàngsōng 動 リラックスさせる
- □ **可以** kěyǐ 助動 …できる
- □ **用** yòng 動 用いる
- □ **耳机** ěrjī 名 イヤホーン・ヘッドホン
- □ **语音** yǔyīn 名 言語音声
- □ **解说** jiěshuō 名 ナレーション

音読アドバイス！

発音のポイント

展览 zhǎnlǎn　母音部分はいずれも an です。「アン」ではなく「アェン」のように発音したほうが自然です。

欣赏 xīnshǎng　それぞれの子音は x と sh で、混同しないように注意しましょう。sh はそり舌音で、舌の真ん中が凹んだ状態です。

音読のポイント

我喜欢去博物馆看各种展览。还可以用耳机听外语的语音解说呢。

動詞や動詞句が 2 つ以上続く動詞文は「連動文」と言います。“我们去吃饭吧。（ご飯を食べに行きましょう）”のような短い連動文は一気に読みます。長めの連動文は、動詞部分の間に少し間を入れてもいいのですが、ブツ切りにならないよう、スムーズに読むようにしましょう。

常用表現をマスターしよう！

▶ 欣赏有名的书画或古老的文物

“或”は「あるいは、または」という意味の接続詞で、“或者 huòzhě”とも言います。

例 请用“是”或“不是”回答。
Qǐng yòng “shì” huò “bú shì” huídá.
（「はい」または「いいえ」で答えてください。）

例 发邮件或者打电话都可以。
Fā yóujiàn huòzhě dǎ diànhuà dōu kěyǐ.
（メールあるいは電話のどちらでもいいです。）

▶ 在有的博物馆里

“有的”は人やものを表す名詞の前に用い、「ある人、あるもの」などの意味を表します。繰り返して使うこともできます。

例 有的人赞成，有的人反对。
Yǒude rén zànchéng, yǒude rén fǎnduì.
（賛成する人もいれば、反対する人もいる。）

例 有的商店已经开始了自助购物的服务。
Yǒude shāngdiàn yǐjīng kāishǐle zìzhù gòuwù de fúwù.
（あるデパートではすでにセルフショッピングのサービスを始めた。）

19

趣味 6 ── 自分の趣味「カラオケ」について

CD1-19

你喜欢唱卡拉OK吗？/现在/有专门为一个人
Nǐ xǐhuan chàng kǎlā OK ma? Xiànzài yǒu zhuānmén wèi yí ge rén

来唱歌的客人提供的单间卡拉OK。/房间里没有音
lái chànggē de kèren tígōng de dānjiān kǎlā OK. Fángjiān li méiyou yīn

箱，/客人要带着耳机唱歌。/虽然/房间比较窄，/
xiāng, kèren yào dàizhe ěrjī chànggē. Suīrán fángjiān bǐjiào zhǎi,

但可以在这里/尽情唱自己喜欢的歌。/ (77字)
dàn kěyǐ zài zhèli jìnqíng chàng zìjǐ xǐhuan de gē.

日本語訳

あなたはカラオケが好きですか。今は１人で歌いに来るお客さんのために用意した１人カラオケボックスがあります。部屋にはスピーカーがないので、客はヘッドホンをつけて歌います。部屋は比較的に狭いですが、ここで自分の好きな曲を思う存分歌うことができます。

語句

- □ **唱** chàng 動 歌う
- □ **卡拉OK** kǎlā OK 名 カラオケ
- □ **专门** zhuānmén 形 専門の
- □ **为** wèi 介 …のために
- □ **单间** dānjiān 名 個室
- □ **音箱** yīnxiāng 名 スピーカー
- □ **客人** kèren 名 客
- □ **这里** zhèli 代 ここ
- □ **尽情** jìnqíng 副 思う存分
- □ **自己** zìjǐ 代 自分

音読アドバイス！

発音のポイント

一个人来唱歌的客人 ge gē kè　単母音 e がこの課に多く出てきています。口の開く具合は「ウ」と「ア」の中間で、下あごに力を入れるイメージで発音しましょう。

尽情 jìnqíng　母音部分はそれぞれ in と ing で、区別がつきにくいですね。in はなるべく舌を前へ出し、口の空間を狭くします。一方、ing を発音するときは、舌は後ろ寄りで、口の空間が比較的に広いです。

音読のポイント

专门为一个人来唱歌的客人提供的单间卡拉OK　下線部は全部“单间卡拉OK”（一人カラオケ）の修飾語です。この文のように連体修飾語（名詞性のことばを修飾する修飾語）が長くても、なるべく途中で切らないようにつなげましょう。

常用表現をマスターしよう！

▶ 专门为一个人来唱歌的客人提供的单间卡拉OK

ここの“专门”は「もっぱら、ただ～だけ」という意味の副詞で、“专”だけで用いることもあります。

例 我是专门来向您道歉的。
Wǒ shì zhuānmén lái xiàng nín dàoqiàn de.
（私はただお詫びのためにまいりました。）

例 这个商店专经销中国食品。
Zhèige shāngdiàn zhuān jīngxiāo Zhōngguó shípǐn.
（この店は中国食品を販売する専門店です。）

▶ 房间比较窄

“比较”「わりと、比較的に」という意味を表す程度副詞です。“较”だけで用いることもあります。

例 那个孩子性格比较内向。
Nèige háizi xìnggé bǐjiào nèixiàng.
（あの子は性格がわりと内向的です。）

例 现在这个时间段乘客较多。
Xiànzài zhèige shíjiānduàn chéngkè jiào duō.
（今の時間帯は乗客が比較的多いです。）

20

趣味 7 —— 自分の趣味「楽器」について

CD1-20

小时候/我学过钢琴，/可后来/就不弹了。/上
Xiǎoshíhou wǒ xuéguo gāngqín, kě hòulái jiù bù tán le. Shàng

高中以后/我开始学吉他，/还跟朋友们组了一个乐
gāozhōng yǐhòu wǒ kāishǐ xué jítā, hái gēn péngyoumen zǔle yí ge yuè

队。/我非常喜欢弹吉他，/尽管练习很辛苦，/但
duì. Wǒ fēicháng xǐhuan tán jítā, jǐnguǎn liànxí hěn xīnkǔ, dàn

是/很开心。/不过，/工作以后/我就很少弹了。/（78字）
shì hěn kāixīn. Búguò, gōngzuò yǐhòu wǒ jiù hěn shǎo tán le.

日本語訳

私は小さい頃、ピアノを習ったことがありますが、その後、弾かなくなりました。高校に入ってからはギターを習い始め、友達とバンドを組むこともしました。私はギターを弾くのが大好きで、練習が大変だったけれどとても楽しかったです。しかし、仕事をするようになってからはめったに弾かなくなってしまいました。

語句

- ☐ **钢琴** gāngqín 名 ピアノ
- ☐ **后来** hòulái 名 その後
- ☐ **弹** tán 動 弾く
- ☐ **吉他** jítā 名 ギター
- ☐ **组** zǔ 動 組織する、組む
- ☐ **乐队** yuèduì 名 バンド
- ☐ **尽管** jǐnguǎn 接続 …だけれども
- ☐ **练习** liànxí 動 練習する

音読アドバイス！

発音のポイント

学吉他 xué　组乐队 yuè　母音 üe に子音が付かない場合、表記は yue となります。また、子音が j・q・x の場合でも、「··」が消えて jue・que・xue となりますので、注意が必要です。

辛苦 kǔ　単母音 u が日本語の「ウ」にならないように十分注意してください。u は「ウ」よりも唇が突き出して、舌をなるべく奥に引っ込めて発音します。

音読のポイント

小时候我学过钢琴，……上高中以后我开始学吉他，……工作以后我就很少弹了。　下線部のような時間を表すことばの後ろには、1 拍を置いたほうがより聞きやすくなります。

常用表現をマスターしよう！

▶ 尽管练习很辛苦，但是很开心。

“尽管”は「～にもかかわらず、～だけれども」という意味の接続詞で、よく逆接の“但是”“可是”“不过”などとセットで使われます。

例 **尽管天气不好，但是参加的人很多。**
Jǐnguǎn tiānqì bù hǎo, dànshì cānjiā de rén hěn duō.
（天気が悪かったにもかかわらず、参加者は多かった。）

例 **尽管父母都反对，可她还是跟那个人结婚了。**
Jǐnguǎn fùmǔ dōu fǎnduì, kě tā háishi gēn nèige rén jiéhūn le.
（ご両親が反対だったけれど、彼女はやはりあの人と結婚した。）

▶ 工作以后我就很少弹了。

“很少”は直訳だと「とても少ない」という意味ですが、動詞の前につけて、「めったに～ない、あまり～ない」という副詞的な用法ができます。

例 **他很少生气。**
Tā hěn shǎo shēngqì.
（彼はめったに怒らない。）

例 **人们现在很少写信了。**
Rénmen xiànzài hěn shǎo xiě xìn le.
（人々は今あまり手紙を書かなくなった。）

21

嗜好 1 ── 自分の好きなもの「コーヒー」について　CD1-21

我的每一天/都从一杯咖啡开始。/我特别喜欢
Wǒ de měi yì tiān dōu cóng yì bēi kāfēi kāishǐ. Wǒ tèbié xǐhuan

咖啡的香味儿，/一天平均喝四、五杯。/小时候/不
kāfēi de xiāngwèir, yì tiān píngjūn hē sì、wǔ bēi. Xiǎoshíhou bù

理解大人们为什么喝这么苦的东西，/可现在/自己
lǐjiě dàrénmen wèi shénme hē zhème kǔ de dōngxi, kě xiànzài zìjǐ

也对咖啡上瘾了。/这种变化真是不可思议。/ (80 字)
yě duì kāfēi shàngyǐn le. Zhèi zhǒng biànhuà zhēnshi bùkěsīyì.

日本語訳

私の毎日は 1 杯のコーヒーから始まります。コーヒーの香りが大好きで、1 日に平均 4、5 杯は飲みます。子どもの頃、どうして大人たちはこんな苦いものを飲んでいるのかが理解できなかったのですが、今は自分もコーヒー中毒になってしまいました。この変化は本当に不思議なものです。

語句

- ☐ **平均** píngjūn 動 平均する
- ☐ **这么** zhème 代 こんな
- ☐ **苦** kǔ 形 苦い
- ☐ **上瘾** shàngyǐn 動 病みつきになる
- ☐ **这种** zhèi zhǒng この（種の）
- ☐ **变化** biànhuà 動 変化する
- ☐ **真是** zhēnshi 副 本当に
- ☐ **不可思议** bùkěsīyì 不思議である

音読アドバイス！

発音のポイント

香味儿 wèir　r の前の i は発音されないことに注意しましょう。

平均 jūn　jun の母音部分 un は、ün の「··」が省略したものですので、「ジュン」ではなく、「ジュエン」のように発音すると自然に聞こえます。

音読のポイント

一天平均喝四、五杯　"我去过法国、加拿大、韩国等很多国家。" のように、列挙を表す「、」は短い間を入れて読みますが、数字の場合は間をつなげて読みます。

常用表現をマスターしよう！

▶ 我的每一天都从一杯咖啡开始。

"从" と "开始" はよくセットで使われ、「～から（はじめる）」という意味を表します。

例 从零开始学习汉语。
Cóng líng kāishǐ xuéxí Hànyǔ.
（ゼロから中国語を勉強する。）

例 不要从明天开始，从现在就开始吧。
Búyào cóng míngtiān kāishǐ, cóng xiànzài jiù kāishǐ ba.
（明日からじゃなくて、今からにしよう。）

▶ 为什么喝这么苦的东西

"这么" は「こんなに、このように」という意味で、形容詞の前に置いてその程度・様子・状態などを表します。

例 你儿子都这么大了！
Nǐ érzi dōu zhème dà le!
（息子さんはもうこんなに大きくなったの！）

例 你这个人怎么这么顽固？
Nǐ zhèige rén zěnme zhème wángù?
（あんたっていう人は、どうしてこんなに頑固なの？）

22

嗜好 2 ── 自分の好きなもの「お酒」について

CD1-22

很多人喜欢喝酒，/我也一样。/啤酒、/葡萄酒、/
Hěn duō rén xǐhuan hē jiǔ, wǒ yě yíyàng. Píjiǔ、pútaojiǔ、

日本酒什么的/我都爱喝。/不过/以前啤酒喝得太多，/
rìběnjiǔ shénmede wǒ dōu ài hē. Búguò yǐqián píjiǔ hēde tài duō,

现在/肚子有点儿鼓起来了。/对我来说，/喝酒是一
xiànzài dùzi yǒudiǎnr gǔqǐlai le. Duì wǒ lái shuō, hē jiǔ shì yí

件愉快的事，/但我们还要注意健康。/ (79字)
jiàn yúkuài de shì, dàn wǒmen hái yào zhùyì jiànkāng.

日本語訳

お酒が好きな人はたくさんいますが、私も同じです。ビール、ワイン、日本酒など、なんでも好きです。ところが、以前ビールを飲み過ぎたせいで、今はお腹が少し出っ張ってきました。私にとって、お酒を飲むのは愉快なことです。しかし、私たちは健康にも注意しなければなりません。

語句

- □ **一样** yíyàng 形 同じである
- □ **啤酒** píjiǔ 名 ビール
- □ **葡萄酒** pútaojiǔ 名 ワイン
- □ **爱** ài 動 …することを好む
- □ **太** tài 副 あまりにも…
- □ **肚子** dùzi 名 腹
- □ **鼓** gǔ 動 ふくれる
- □ **件** jiàn 量（事柄・事件などに用いる）

音読アドバイス！

発音のポイント

喝酒 jiǔ　複合母音 iou は前に子音がなければ、表記は you になり、子音がある場合は、間の o の音が若干弱くなるため、表記は「子音＋ iu」になります。しかし、o の音は完全に消えているわけではないので、注意が必要です。

对我来说 duì　上の iou と同じ理由で、複合母音 uei の間の e も表記上省略されますが、発音する時は完全に省かないように注意してください。

音読のポイント

肚子有点儿鼓起来了　動詞の後ろについている"来、去、上、下、进、出、回、过、起"、及び"起来"のような組合せは、動作の方向性を表す「方向補語」と言います。方向補語"来、去"は一般的に軽声に発音されます。他はピンインでは元の声調がついても、実際軽く読むことが多いです。

常用表現をマスターしよう！

▶ 肚子有点儿鼓起来了

"有点儿"は「(どうも) 少し～、(どうも) ちょっと～」という意味の副詞で、望ましくないことについて言うことが多いです。

例 我有点儿不舒服。
Wǒ yǒudiǎnr bù shūfu.
(ちょっと体調が悪いです。)

例 这个菜有点儿太咸了。
Zhèige cài yǒudiǎnr tài xián le.
(この料理はちょっとしょっぱ過ぎる。)

▶ 对我来说，喝酒是一件愉快的事

"对～来说"はセットで、「～にとって」という意味を表します。

例 对你来说，最幸福的事是什么？
Duì nǐ lái shuō, zuì xìngfú de shì shì shénme?
(あなたにとって、一番幸せなことは何ですか。)

例 对有钱人来说，这点儿钱不算什么。
Duì yǒu qián rén lái shuō, zhèi diǎnr qián bú suàn shénme.
(お金持ちにとっては、このくらいのお金は大したことではない。)

23

嗜好 3 ――吸う人が少なくなってきた「たばこ」について

CD1-23

现在可以抽烟的地方越来越少，/戒烟的人越来越多了。/抽烟不但影响健康，/还得花不少钱，/真是有百害无一利。/其实，/抽烟的人也不是不懂这个道理，/但戒烟的确不是一件容易的事。/ (80字)

Xiànzài kěyǐ chōuyān de dìfang yuè lái yuè shǎo, jiè yān de rén yuè lái yuè duō le. Chōuyān búdàn yǐngxiǎng jiànkāng, hái děi huā bù shǎo qián, zhēnshi yǒu bǎi hài wú yí lì. Qíshí, chōuyān de rén yě bú shì bù dǒng zhèige dàolǐ, dàn jiè yān díquè bú shì yí jiàn róngyì de shì.

日本語訳

今たばこが吸える場所はますます少なくなり、たばこをやめる人がますます増えてきました。たばこは健康に影響を与えるだけでなく、お金もかなりかかります。まさに百害あって一利なし。実際、たばこを吸う人もこの道理が分かっていないわけではありません。しかし、たばこをやめることは確かに容易なことではありません。

語句

- □ **抽烟** chōuyān 動 たばこを吸う
- □ **戒** jiè 動 断つ、やめる
- □ **影响** yǐngxiǎng 動 影響する
- □ **其实** qíshí 副 実は
- □ **懂** dǒng 動 わかる
- □ **道理** dàolǐ 名 道理
- □ **的确** díquè 副 確かに
- □ **容易** róngyì 形 容易である

音読アドバイス！

発音のポイント

现在 xiàn　抽烟 yān　健康 jiàn　钱 qián　今回は ian の発音がたくさん出てきていますね。ian は「イアン」のようになりがちなので、注意が必要です。「イァエン」のように発音すると自然に聞こえます。

其实 qíshí　母音部分は同じ i と表記しますが、発音は違うことに注意しましょう。

音読のポイント

抽烟的人也不是不懂这个道理　“不是不懂（分からないわけではない）”のような二重否定の部分は、切らないようにつなげて読みましょう。

常用表現をマスターしよう！

▶ 其实，抽烟的人也不是不懂这个道理

“**其实**”は副詞で、「実は、実際には、実のところ」という意味を表します。

例 他脸上很平静，其实心里非常激动。
Tā liǎn shang hěn píngjìng, qíshí xīnli fēicháng jīdòng.
（彼の顔は落ち着いていたが、内心では気持ちが非常に高ぶっていた。）

例 她总觉得自己有病，其实是心理作用。
Tā zǒng juéde zìjǐ yǒu bìng, qíshí shì xīnlǐ zuòyòng.
（彼女はいつも自分が病気だと感じているが、本当は気のせいだ。）

▶ 但戒烟的确不是一件容易的事

“**的确**”は語気を強調する副詞で、「確かに」という意味を表します。“**确实**”とも言います。

例 他说的话的确有道理。
Tā shuō de huà díquè yǒu dàolǐ.
（彼が言っていたことは確かに理にかなっている。）

例 不是不想帮你，确实是没办法。
Bú shì bù xiǎng bāng nǐ, quèshí shì méi bànfǎ.
（お助けしたくないというわけではありません。本当にどうしようもないのです。）

24

仕事 1 —— 日本の「就職活動」について

CD1-24

大多日本大学生/从大三/就开始找工作了。/一般来说，/他们先参加企业的说明会，/然后接受面试。/合格的话，/要在公司实习一段时间。/大学毕业后，/就马上正式进入公司工作了。/ (77 字)

Dàduō Rìběn dàxuéshēng cóng dà sān jiù kāishǐ zhǎo gōngzuò le. Yìbān lái shuō, tāmen xiān cānjiā qǐyè de shuōmínghuì, ránhòu jiēshòu miànshì. Hégé dehuà, yào zài gōngsī shíxí yí duàn shíjiān. Dàxué bìyè hòu, jiù mǎshàng zhèngshì jìnrù gōngsī gōngzuò le.

日本語訳

多くの日本人大学生は大学 3 年生からもう就職活動を始めています。一般的に、就活生はまず企業の説明会に参加し、それから面接を受けます。合格した場合、会社で一定の期間インターンをします。大学を卒業したら、すぐ正式に入社して働きはじめます。

語句

- □ **大三** dà sān 大学 3 年生
- □ **找** zhǎo 動 探す
- □ **接受** jiēshòu 動 受ける
- □ **面试** miànshì 動 面接試験をする
- □ **的话** dehuà 助 …ということなら
- □ **实习** shíxí 動 実習する
- □ **段** duàn 量（一定の時間を表す）
- □ **毕业** bìyè 動 卒業する
- □ **马上** mǎshàng 副 すぐ
- □ **进入** jìnrù 動 入る

音読アドバイス！

発音のポイント

要在公司实习一段时间　sī shíxí　si shi xi というふうに、3 つのパターンの母音 i が揃っています。それぞれ違っている発音に注意しましょう。

大学毕业后，就马上正式进入公司工作了　下線部は全部無気音です。"大"は「タ」ではなくて「ダ」、"公"や"工"は「コン」ではなくて「ゴン」のように発音したほうが自然に聞こえます。

音読のポイント

从大三就开始找工作了　"大三"は"大学三年级"の略した言い方です。"从"は「～から」という意味の介詞（前置詞）で、"从大三"は「大学三年生から」という意味の介詞フレーズです。このような介詞フレーズはひとかたまりで読みましょう。

常用表現をマスターしよう！

▶ 他们先参加企业的说明会，然后接受面试。

"先"は「まず」、"然后"は「それから」という意味で、物事の順序について言う時によく使われます。ついでにほかの順序を表す接続詞も覚えてしまいましょう。
接着 jiēzhe（続いて）、**最后** zuìhòu（最後に）

例 先炒肉丝，然后把切好的青椒加进去一起炒。
Xiān chǎo ròusī, ránhòu bǎ qiēhǎo de qīngjiāo jiājìnqu yìqǐ chǎo.
（まずは細切りの肉を炒めて、それから切っておいたピーマンを入れて一緒に炒める。）

例 今天我们先去前门，接着去故宫，最后去景山公园。
Jīntiān wǒmen xiān qù Qiánmén, jiēzhe qù Gùgōng, zuìhòu qù Jǐngshān Gōngyuán.
（今日はまずは前門、続いて故宮、最後に景山公園に行く予定です。）

▶ 合格的话，要在公司实习一段时间。

"～的话"は仮定を表し、「～ということなら、もし～ならば」という意味です。"如果～的话"や"要是～的话"の形で言うこともあります。

例 能去的话我就去。
Néng qù dehuà wǒ jiù qù.
（行けたら行くね。）

例 要是没兴趣的话就算了。
Yàoshi méi xìngqù dehuà jiù suànle.
（興味がないなら結構です。）

25

仕事 2 ── 自分の会社の「会議」について

CD1-25

在公司工作/免不了开会，/但我们公司/会议特别多，/而且/一开就花很长时间，/所以/我很讨厌开会。/不过/作为一个普通职员，/我也没办法改变这种情况，/只能在这里发发牢骚。/ (75字)

Zài gōngsī gōngzuò miǎnbuliǎo kāihuì, dàn wǒmen gōngsī huìyì tè bié duō, érqiě yì kāi jiù huā hěn cháng shíjiān, suǒyǐ wǒ hěn tǎoyàn kāi huì. Búguò zuòwéi yí ge pǔtōng zhíyuán, wǒ yě méi bànfǎ gǎibiàn zhèi zhǒng qíngkuàng, zhǐ néng zài zhèli fāfa láosao.

日本語訳

会社勤めなら会議はつきものです。しかしうちの会社は会議が特に多く、それに開くといつも長時間になります。だから、私は会議が大嫌いです。しかし平社員としては、このような状況を変える術もなく、ここでちょっと愚痴をこぼすほかどうしようもありません。

語句

- ☐ **免不了** miǎnbuliǎo 避けられない
- ☐ **开会** kāihuì 動 会議をする
- ☐ **会议** huìyì 名 会議
- ☐ **开** kāi 動 開く
- ☐ **讨厌** tǎoyàn 動 嫌う
- ☐ **作为** zuòwéi 介 …として
- ☐ **改变** gǎibiàn 動 変える
- ☐ **情况** qíngkuàng 名 状況
- ☐ **只** zhǐ 副 …だけ
- ☐ **发牢骚** fā láosao 愚痴をこぼす

音読アドバイス！

発音のポイント

職員 yuán　複母音 üan は子音がない場合、表記は yuan になりますが、yu の部分が「ユ」のような音にならないで、ü の発音を意識してください。

发发牢骚 fāfa　fa は「ファ」にならないように気をつけましょう。子音 f を発音する時、必ず上の歯が下の唇の内側に触れるようにしてください。

音読のポイント

但我们公司会议特别多，而且一开就花很长时间，所以我很讨厌开会。

“而且”や“所以”のような2音節の接続詞の後は軽く1拍を置くことができますが、“但”のような1音節の接続詞の後は間を置くことはできません。

常用表現をマスターしよう！

在公司工作免不了开会

“**免不了**”は可能補語の形で「免れない、避けられない」という意味を表します。

例 学骑自行车免不了摔跤。
Xué qí zìxíngchē miǎnbuliǎo shuāijiāo.
（自転車の練習には転ぶことがつきものだ。）

例 夫妻之间当然免不了吵架。
Fūqī zhī jiān dāngrán miǎnbuliǎo chǎojià.
（夫婦の間、当然口げんかは避けられない。）

作为一个普通职员

ここの“**作为**”は「～として」という意味の介詞（前置詞）です。

例 作为一个篮球选手，他的个子并不高。
Zuòwéi yí ge lánqiú xuǎnshǒu, tā de gèzi bìng bù gāo.
（バスケットボール選手として、彼の身長はそれほど高くない。）

例 作为一国的总理，他不应该说那样的话。
Zuòwéi yì guó de zǒnglǐ, tā bù yīnggāi shuō nàyàng de huà.
（一国の総理として、あんな発言をするべきできない。）

26

仕事 3 ── 自分の「通勤」について

CD1-26

我家离公司很远，/光单程/就需要一个半小时。/
Wǒ jiā lí gōngsī hěn yuǎn, guāng dānchéng jiù xūyào yí ge bàn xiǎoshí.

上下班高峰时/电车挤得要命，/所以/我尽量早出门，/
Shàngxiàbān gāofēng shí diànchē jǐde yàomìng, suǒyǐ wǒ jǐnliàng zǎo chūmén,

避开最挤的时候。/坐电车时/我经常听广播讲座/或
bìkāi zuì jǐ de shíhou. Zuò diànchē shí wǒ jīngcháng tīng guǎngbō jiǎngzuò huò

看小说，/你坐电车时/做什么呢？/ (77字)
kàn xiǎoshuō, nǐ zuò diànchē shí zuò shénme ne?

日本語訳

私の家は会社からとても遠く、片道だけでも1時間半かかります。通勤ラッシュの時は電車がめちゃくちゃ混むので、なるべく早めに出かけて一番混む時を避けるようにしています。電車に乗っている時はいつもラジオ講座を聞くか小説を読んでいます。あなたは電車に乗る時いつも何をしますか。

語句

- □ **光** guāng 副 ただ、だけ
- □ **单程** dānchéng 名 片道
- □ **需要** xūyào 動 必要とする
- □ **小时** xiǎoshí 名 時間
- □ **上下班** shàngxiàbān 動 通勤する
- □ **高峰** gāofēng 名 ピーク
- □ **挤** jǐ 形 混んでいる
- □ **要命** yàomìng 動 （程度が甚だしいことを表す）死ぬほど…
- □ **避开** bìkāi 動 避ける

音読アドバイス!

発音のポイント

単程 chéng　「チャン」や「チョン」のような音にならないよう気をつけましょう。e の部分は「エ」ではなく、単母音 e の音です。

上下班 shàngxià　"上"と"下"は子音部分が似ていて、声調も同じなのでちょっと紛らわしいですね。sh と x の違いに十分注意してはっきり発音しましょう。

音読のポイント

光单程就需要一个半小时　"一个半小时"のような時間の長さを表すフレーズは長くなってもなるべく途中で切れずに一気に読むようにしましょう。

马拉松世界纪录是两小时零一分三十九秒。(マラソンの世界記録は2時間1分39秒です。)
Mǎlāsōng shìjiè jìlù shì liǎng xiǎoshí líng yì fēn sānshijiǔ miǎo.

常用表現をマスターしよう!

光单程就需要一个半小时。

"光～就…"はセットで、「～だけで…」という意味を表します。"光是～就…"という形で言うこともあります。

例 真希望光靠版税就能生活。
Zhēn xīwàng guāng kào bǎnshuì jiù néng shēnghuó.
(印税だけで生活できたらいいなあ。)

例 光是化妆就要花一个小时吗?
Guāng shì huàzhuāng jiù yào huā yí ge xiǎoshí ma?
(お化粧だけで1時間もかかりますか。)

上下班高峰时电车挤得要命

"～得要命"は口語表現で、「死ぬほど～、ものすごく～」と程度が甚だしいことを表します。好ましくないことに使われることが多いです。

例 最近我们公司忙得要命。
Zuìjìn wǒmen gōngsī mángde yàomìng.
(最近うちの会社は死ぬほど忙しいです。)

例 每天光是护理老人就累得要命。
Měitiān guāng shì hùlǐ lǎorén jiù lèide yàomìng.
(毎日親の介護だけでヘトヘトになります。)

27

仕事 4 —— 自分の「職場」について

CD1-27

我们公司/只有十几个人，/大家的关系基本上
Wǒmen gōngsī zhǐ yǒu shí jǐ ge rén, dàjiā de guānxi jīběnshàng

还可以，/不过/也有比较难相处的人。/每天在公
hái kěyǐ, búguò yě yǒu bǐjiào nán xiāngchǔ de rén. Měitiān zài gōng

司的时间最长，/所以/人际关系是很重要的。/下班
sī de shíjiān zuì cháng, suǒyǐ rénjì guānxi shì hěn zhòngyào de. Xiàbān

后，/我们有时一起去喝酒，/放松一下。/ (77 字)
hòu, wǒmen yǒushí yìqǐ qù hē jiǔ, fàngsōng yíxià.

日本語訳

私の会社は10数人しかいなくて、みんなの関係は基本的にはいいのですが、わりと付き合いにくい人もいます。毎日、会社にいる時間が一番多いので、人間関係はとても重要です。仕事が終わった後、時々一緒に飲みに行って、ちょっとリラックスをします。

語句

- ☐ **基本上** jīběnshàng 副 基本的に
- ☐ **难** nán 形 …しにくい
- ☐ **相处** xiāngchǔ 動 付き合う
- ☐ **长** cháng 形 長い
- ☐ **人际关系** rénjì guānxi 人間関係
- ☐ **重要** zhòngyào 形 重要である

音読アドバイス！

発音のポイント

一起去　yìqǐ qù　“一起”の母音は i で、“去”の母音は ü です（表記上は u になりますが）。i と ü の違いは唇の形だけで、舌の位置は変わりません。この点に意識して練習すると効果的です。

放松一下　yíxià　「ちょっと～する」という意味の“一下”は軽めに読むようにしましょう。

音読のポイント

人际关系是很重要的　“是～的”は語気を強調するセットなので、強調される「～」の部分を強めに読みましょう。

常用表現をマスターしよう！

▶ 大家的关系基本上还可以

“**还可以**”は「まずまず、まあまあ」という意味で、それほど高くないプラスの評価のことばとして使われます。同じ意味と程度のことばで“**还行**”もよく使われます。

例　这次的成绩还可以。
Zhèi cì de chéngjì hái kěyǐ.
（今回の成績はまずまずです。）

例　最近工作忙吗？——还行吧。
Zuìjìn gōngzuò máng ma?　Hái xíng ba.
（最近仕事は忙しい？—— まあまあかな。）

▶ 人际关系是很重要的

“**是～的**”のセットは、すでに起きたことについて、行なった時間・場所・方式などを取り立てる用法があり、それはすでに紹介しました（p.29）。そのほか、話者の見解や判断などを断定的に述べる効果もあります。

例　这样的想法是不对的。
Zhèiyàng de xiǎngfǎ shì bú duì de.
（このような考え方は間違っているのだ。）

例　生命是有限的，但梦想是无限的。
Shēngmìng shì yǒuxiàn de, dàn mèngxiǎng shì wúxiàn de.
（命には限りがあるが、夢には限りがないのだ。）

28

仕事 5 ―― 自分の「出張」について

CD1-28

我出差的机会挺多的。/虽然有点儿累，/但有新鲜感，/还能吃到当地特色的饭菜，/所以/我很喜欢出差。/下个月/我要去四川省出差。/我很爱吃四川菜，/一定要尝尝/正宗的麻婆豆腐。/ (77字)

Wǒ chūchāi de jīhuì tǐng duō de. Suīrán yǒudiǎnr lèi, dàn yǒu xīnxiāngǎn, hái néng chīdào dāngdì tèsè de fàncài, suǒyǐ wǒ hěn xǐhuan chūchāi. Xià ge yuè wǒ yào qù Sìchuān shěng chūchāi. Wǒ hěn ài chī sìchuāncài, yídìng yào chángchang zhèngzōng de mápódòufu.

日本語訳

私は出張の機会が結構多いです。ちょっと疲れるけれど、新鮮な感じがあるし、ローカル色のある料理を味わうこともできるので、私は出張が好きです。来月は四川省へ出張に行きます。四川料理が大好きなので、是非本場の麻婆豆腐を食べてみたいと思います。

語句

- □ **挺** tǐng 副 結構、なかなか
- □ **累** lèi 形 疲れている
- □ **能** néng 助動 …できる
- □ **当地** dāngdì 名 現地
- □ **饭菜** fàncài 名 食事
- □ **一定** yídìng 副 必ず
- □ **尝** cháng 動 味をみる
- □ **正宗** zhèngzōng 形 正統な

音読アドバイス！

発音のポイント

出差 chūchāi “出差”の子音は2つともchで、「チューチャイ」のような音にならないよう気をつけましょう。chはそり舌音で、舌の真ん中が凹んでスプーンのような形になっています。

正宗 zhèngzōng それぞれの子音はzhとzで、舌先の位置が違います。zhを発音する時、舌先は上の歯茎に向いています。zを発音する時、舌先は下の歯茎につけます。それぞれの母音engとongもちょっと似ている音なので、注意が必要です。

音読のポイント

一定要尝尝正宗的麻婆豆腐 “一定”のような気持ちを強調する副詞は、少し強めに読むといきいきした感じになります。

常用表現をマスターしよう！

▶ 我出差的机会挺多的

“挺”は「けっこう〜、なかなか〜」という意味の副詞で、よく“挺〜的”というセットの形で使われます。

例 我觉得挺不错的。
Wǒ juéde tǐng búcuò de.
（私はなかなかいいと思います。）

例 你尝尝，挺好吃的。
Nǐ chángchang, tǐng hǎochī de.
（食べてみてごらん。けっこうおいしいよ。）

▶ 还能吃到当地特色的饭菜

“到”は結果補語で、動詞の後についてその動作の実現、目的の達成を表します。

例 你的邮件我收到了。
Nǐ de yóujiàn wǒ shōudào le.
（あなたのメールは受け取りました。）

例 这种电池现在还能买到吗？
Zhèi zhǒng diànchí xiànzài hái néng mǎidào ma?
（こういう電池は今まだ買えますか。）

29

仕事 6 ── 自分の「給料」について

CD1-29

常有中国朋友问我/工资多少钱，/一开始/我很
Cháng yǒu Zhōngguó péngyou wèn wǒ gōngzī duōshao qián, yì kāishǐ wǒ hěn

吃惊，/不过/现在有些习惯了。/我是"月光族"，/每月
chījīng, búguò xiànzài yǒuxiē xíguàn le. Wǒ shì "yuèguāngzú", měi yuè

的工资/扣了税金什么的，/就剩不了多少了。/而且/
de gōngzī kòule shuìjīn shénmede, jiù shèngbuliǎo duōshao le. Érqiě

还得还房贷，/所以/根本没法存钱。/(78字)
hái děi huán fángdài, suǒyǐ gēnběn méifǎ cún qián.

日本語訳

「給料いくら？」と聞いてくる中国人の友人がよくいます。最初はびっくりしましたが、今は少し慣れました。私は「月光族（毎月給料を使い果たす人）」です。毎月の給料は税金などが引かれたら、大して残りません。それに家のローンも返済しなければならないので、貯金などまったくできません。

語句

- □ **问** wèn 動 尋ねる
- □ **工资** gōngzī 名 給料
- □ **多少钱** duōshao qián いくらですか
- □ **吃惊** chījīng 動 驚く
- □ **习惯** xíguàn 動 …に慣れる
- □ **月光族** yuèguāngzú 名 毎月給料を使い果たす人
- □ **扣** kòu 動 差し引く
- □ **剩** shèng 動 残る
- □ **还** huán 動 返却する
- □ **房贷** fángdài 名 住宅ローン
- □ **根本** gēnběn 副 まったく
- □ **没法** méifǎ 動 …できない
- □ **存** cún 動 預金する

音読アドバイス！

発音のポイント

常有中国朋友…… cháng zhōng　子音 ch と zh の違いに注意しましょう。ch は有気音なので、息を多め強めに出すようにしましょう。逆に zh は無気音なので、なるべく息を少なめ弱めにしましょう。

"月光族" zú　"族"の母音 u が日本語の「ウ」と違うので十分に注意しましょう。「ウ」よりもっと唇を突き出して、舌を奥に引っ込めて口の中の空間を広げましょう。
※ここの "光" は「ひかり」ではなく、「何も残っていない」という意味を表します。

音読のポイント

剩不了多少了　而且还得还房贷　中国語の漢字は大部分が 1 字 1 音ですが、1 つの漢字に 2 つ以上の発音があることもあります。このような漢字を "多音字 duōyīnzì" と言います。読み間違えないように、普段から "多音字" に注意しましょう。

常用表現をマスターしよう！

▶ 现在有些习惯了

"**有些**" は "**有一些**" の略した言い方で、「いくらか、少し、ちょっと」という意味の副詞です。この用法は "**有点儿**" とほぼ同じで、言い換えられます。

例 一个人生活有些寂寞。
Yí ge rén shēnghuó yǒuxiē jìmò.
（1 人暮らしは少し寂しいです。）

例 他的表情好像有些不自然。
Tā de biǎoqíng hǎoxiàng yǒuxiē bú zìrán.
（彼の表情はどうもちょっと不自然です。）

▶ 根本没法存钱

ここの "**根本**" は副詞で、「まったく、根っから」という意味です。否定文に用いることが多く、よく "**就**" と一緒に使われます。

例 我根本就不知道这件事。
Wǒ gēnběn jiù bù zhīdào zhèi jiàn shì.
（私はまったくこのことを知りませんでした。）

例 你根本不了解我的心情。
Nǐ gēnběn bù liǎojiě wǒ de xīnqíng.
（あなたはまったく私の気持ちが分かっていない。）

30

仕事 7 ── 日本と中国の「ボーナス」について

CD1-30

听说/许多中国企业根据个人业绩发奖金，/不是每个人都能拿到。/而在日本，/大多正式职员/都能拿到奖金。/中国企业/更注重能力，/日本企业/更注重平等。/你觉得哪个好呢？/ (74字)

Tīngshuō xǔduō Zhōngguó qǐyè gēnjù gèrén yèjì fā jiǎngjīn, bú shì měi ge rén dōu néng nádào. Ér zài Rìběn, dàduō zhèngshì zhíyuán dōu néng nádào jiǎngjīn. Zhōngguó qǐyè gèng zhùzhòng nénglì, Rìběn qǐyè gèng zhùzhòng píngděng. Nǐ juéde něige hǎo ne?

日本語訳

多くの中国企業ではボーナスは個人業績に基づいて支給されるので、誰でももらえるわけではないと聞いています。一方、日本では、ほとんどの正社員はボーナスがもらえます。中国企業はより能力を重視し、日本企業はより平等を重視します。あなたはどちらがいいと思いますか。

語句

- ☐ **许多** xǔduō 数 多い
- ☐ **根据** gēnjù 介 …に基づいて
- ☐ **个人** gèrén 名 個人
- ☐ **业绩** yèjì 名 業績
- ☐ **发** fā 動 支給する
- ☐ **奖金** jiǎngjīn 名 賞金、ボーナス
- ☐ **而** ér 接続 ところが、一方
- ☐ **正式职员** zhèngshì zhíyuán 正社員
- ☐ **注重** zhùzhòng 動 重要視する
- ☐ **平等** píngděng 形 平等である

音読アドバイス！

発音のポイント

许多中国企业根据…… xǔ jù　u は「··」が省略された ü であることを忘れないでください。厄介なルールですが、単母音 ü または ü で始まる複母音の前にくる子音は以下のもの限られています。

グループ1：j、q、x ………… ü の「··」が省略される
グループ2：n、l ……………… ü の「··」が省略されない

个人业绩 gè yè　同じ e ですが、発音が違います。"个 gè" の e は単母音の e で、"业 yè" は複母音 ie の子音がつかない場合の表記です。

音読のポイント

听说许多中国企业……　"听说" は「～だそうだ、～と聞いている」という意味ですが、その後に長い文が続く場合、後ろに1拍置いたほうが読みやすくなります。

常用表現をマスターしよう！

▶ 根据个人业绩发奖金

"根据" は、「～に基づいて、～によれば」という意味の介詞（前置詞）です。

例 这部电影是根据真实故事改编的。
Zhèi bù diànyǐng shì gēnjù zhēnshí gùshì gǎibiān de.
（この映画は事実に基づいて脚色したものです。）

例 根据气象厅的观测，台风将于今晚登陆。
Gēnjù qìxiàngtīng de guāncè, táifēng jiāng yú jīnwǎn dēnglù.
（気象庁の観測によると、台風は今晩上陸するようです。）

▶ 而在日本，大多正式职员都能拿到奖金。

"而" はいろいろな用法がある重要な接続詞の1つです。ここでは、「一方、それに対して、ところが」といった対比・逆接のニュアンスを表します。

例 这些人物质上很富有，而精神上却贫穷得可怜。
Zhèixiē rén wùzhì shang hěn fùyǒu, ér jīngshén shang què pínqióngde kělián.
（この人たちは物質的には豊かだが、精神的にはかわいそうなほど貧しい。）

例 日本人跟家人说"谢谢"很平常，而中国人觉得这样有些见外。
Rìběnrén gēn jiārén shuō"xièxie"hěn píngcháng, ér Zhōngguórén juéde zhèiyàng yǒuxiē jiànwài.
（日本人は家族に「ありがとう」を言うのは普通なことですが、中国人からすると、それはちょっと他人行儀ではと思ってしまう。）

31

仕事8 —— 日本の「残業」について

CD1-31

业务忙的时候需要加班，/这也是没办法的事情。/但有的人加班/只是因为上司还没走，/自己不好意思先回家。/还有的人/是为了赚加班费/而故意拖延时间。/这样的加班实在没有意义。/ (78字)

Yèwù máng de shíhou xūyào jiābān, zhè yě shì méi bànfǎ de shìqing. Dàn yǒude rén jiābān zhǐshì yīnwei shàngsi hái méi zǒu, zìjǐ bù hǎoyìsi xiān huí jiā. Hái yǒude rén shì wèile zhuàn jiābān fèi ér gùyì tuōyán shíjiān. Zhèiyàng de jiābān shízài méiyou yìyì.

日本語訳

業務が忙しい時は残業が必要で、仕方のないことです。しかしただ上司がまだ帰っていないから、自分が先に帰りづらいと思って残業する人もいます。また、残業代を稼ぐためにわざと時間を引き延ばす人もいます。このような残業は実に意味がありません。

語句

- □ **没办法** méi bànfǎ 仕方がない
- □ **事情** shìqing 名 事、事柄
- □ **只是** zhǐshì 副 ただ…だけ
- □ **上司** shàngsi 名 上司
- □ **走** zǒu 動 去る、離れる
- □ **不好意思** bù hǎoyìsi 気が引けて…できない
- □ **为了** wèile 介 …のために
- □ **赚** zhuàn 動 稼ぐ
- □ **故意** gùyì 副 わざと
- □ **拖延** tuōyán 動 引き延ばす
- □ **实在** shízài 副 実に、本当に

音読アドバイス！

発音のポイント

这也是没办法的事情…… yě fǎ　第3声は単独で発音される時と文末に位置する時以外は、基本的に上がらずに低く抑えて発音します。過剰に上げてしまうと、続きの音節が低くなってしまいがちで、全体のバランスが崩れやすくなります。

赚加班费 zhuàn jiā　子音zhとjの発音は混同しやすいので、十分注意しましょう。zhはそり舌音で、舌の真ん中が凹んでいますが、jの舌は平面になっています。

音読のポイント

有的人……。还有的人……　「～の人もいれば、～の人もいる」という意味のセットですが、“还”にストレスをかけて読むようにしましょう。

常用表現をマスターしよう！

为了赚加班费而故意拖延时间。

“为了～而…”は「～のために…する」という意味を表します。“而”は省略されることもあります。

例 为了实现梦想而努力。
Wèile shíxiàn mèngxiǎng ér nǔlì.
（夢が実現するために努力する。）

例 不要为了眼前的利益迷失了自己的方向。
Búyào wèile yǎnqián de lìyì míshīle zìjǐ de fāngxiàng.
（目先の利益のために自分が進むべく方向を失ってはいけない。）

这样的加班实在没有意义。

“实在”はここでは副詞の用法で、「実に、本当に」という意味を表します。

例 让您跑一趟，实在过意不去。
Ràng nín pǎo yí tàng, shízài guòyìbúqù.
（ご足労をおかけして本当にすみません。）

例 不好意思，这个星期实在抽不出时间。
Bù hǎoyìsi, zhèige xīngqī shízài chōubuchū shíjiān.
（すみませんが、今週はどうしても時間が取れません。）

32

仕事 9 ── 日本の「転職」について

CD1-32

以前，/日本的公司职员/几乎都在一个公司工作到退休，/多次换工作/会带来负面印象。/而近年来，/“跳槽”的人多起来了。/企业也更加重视员工的经验和能力，/不惜付高工资挖掘人才。/

Yǐqián, Rìběn de gōngsī zhíyuán jīhū dōu zài yí ge gōngsī gōngzuòdào tuìxiū, duō cì huàn gōngzuò huì dàilai fùmiàn yìnxiàng. Ér jìn nián lái, “tiàocáo”de rén duōqǐlai le. Qǐyè yě gèngjiā zhòngshì yuángōng de jīngyàn hé nénglì, bùxī fù gāo gōngzī wājué réncái.

(80 字)

日本語訳

以前、日本の会社員はほとんど同じ会社で定年まで働き、何回も転職するのはマイナスな印象をもたらすものでした。ところが、ここ数年、転職する人は増えてきました。企業側もより従業員の経験と能力を重視し、高い賃金を惜しまずに人材発掘をするようになりました。

語句

- □ **退休** tuìxiū 動 退職する
- □ **多次** duō cì たびたび
- □ **负面** fùmiàn 形 マイナスの
- □ **跳槽** tiàocáo 動 転職する
- □ **更加** gèngjiā 副 ますます
- □ **员工** yuángōng 名 従業員
- □ **不惜** bùxī 動 惜しまない
- □ **付** fù 動 払う
- □ **挖掘** wājué 動 掘り出す

音読アドバイス！

発音のポイント

几乎 hū 「フ」のような音にならないよう、注意しましょう。喉の奥から「ホ」を言うようなイメージで発音すると自然に聞こえます。

负面 fù 「フ」のような音にならないよう、注意しましょう。子音 f を発音する時、必ず上の歯で下の唇の内側に触れるようにしましょう。

音読のポイント

企业也更加重视员工的经验和能力 “A 和 B”の部分は、間を入れずに 1 つのかたまりで読むようにしましょう。ただし A と B が長い場合は、A の後に 1 拍入れることができます。

常用表現をマスターしよう！

▶ 而近年来，“跳槽”的人多起来了。

“起来”は方向補語の派生義で、動詞や形容詞につけて、その動作や状態が開始し継続することを表すことがあります。

例 雨刚停了一会儿又下起来了。
Yǔ gāng tíngle yíhuìr yòu xiàqǐlai le.
（雨がちょっと止んだけどまた降り出した。）

例 他有了一点儿成绩就骄傲起来了。
Tā yǒule yìdiǎnr chéngjì jiù jiāo'àoqǐlai le.
（彼は少し成果をあげただけでもう鼻が高くなってきた。）

▶ 不惜付高工资挖掘人才。

“不惜”は「～に惜しまない」という意味を表します。

例 要不惜一切代价完成任务。
Yào bùxī yíqiè dàijià wánchéng rènwù.
（いかなる代価も惜しまずに任務を遂行しなければならない。）

例 那个人为了钱不惜出卖自己的良心。
Nèige rén wèile qián bùxī chūmài zìjǐ de liángxīn.
（あの人は金のためなら平気で良心を捨てる。）

コラム② 数字の読み方

数字の読み方は基本的には日本語と同じ要領なので、中国語の発音を覚えれば、それらを組み合わせるだけで、大きな数字でも簡単に読めます。

123,456 **十二万三千四百五十六** shí'èrwàn sānqiān sìbǎi wǔshiliù
（※"**五十六**"のような間の"**十**"は軽声になります）

注意が必要なのは以下のことです。

100 **一百** yìbǎi　1,000 **一千** yìqiān　10,000 **一万** yíwàn

百、千の前の"**一**"も読みます。また、後ろに来る音節の声調によって"**一**"の声調が変わります。

101 **一百零一** yìbǎi líng yī　1,001 **一千零一** yìqiān líng yī

中間の位を欠く場合には"**零**"を入れて読みます。この"**零**"は日本語の「とんで」と同じ感覚なので、間にいくつあっても1回しか読みません。

110 **一百一（十）** yìbǎi yī（shí）　1,010 **一千零一十** yìqiān líng yīshí

"**十**"の前"**一**"（声調変化なし）を付けて読みます。

1,500 **一千五（百）** yìqiān wǔ（bǎi）　18,000 **一万八（千）** yíwàn bā(qiān)

下位が0の場合には、末尾の位は省略できます。ただし、1,010のように、上位にも0を含む場合は省略できません。なお、量詞を伴う場合には省略不可。例えば、1500元は"一千五块"ではなく必ず"**一千五百块**"と言います。

20	**二十** èrshí	200	**二／两百** èr/liǎng bǎi
2,000	**两千** liǎngqiān	20,000	**两万** liǎngwàn
20万	**二十万** èrshí wàn	200万	**二／两百万** èr/liǎngbǎi wàn
2千万	**两千万** liǎngqiān wàn	2億	**两亿** liǎng yì

2が係数の場合、"**二**"と"**两**"の2通りの読み方があります。通常、"**十**"の前では"**二**"、"**百**"の前では"**二／两**"ともに可、"**千、万、亿** yì［億］"の前では"**两**"が用いられます。

Part 3

生活や食事などについて言ってみよう!

33

入浴 ── 「入浴」は自分にとってどんなものか

CD1-33

洗澡/是一天中很重要的事。/洗澡/不光能清洁
Xǐzǎo shì yì tiān zhōng hěn zhòngyào de shì. Xǐzǎo bùguāng néng qīngjié

身体，/还能使身心得到放松。/洗澡后，/一天的
shēntǐ, hái néng shǐ shēnxīn dédào fàngsōng. Xǐzǎo hòu, yì tiān de

劳累/就都消失了。/泡在澡盆里想事情也不错。/
láolèi jiù dōu xiāoshī le. Pàozài zǎopén li xiǎng shìqing yě búcuò.

其实，/我的很多重要决定/就是在泡澡时做出的。/
Qíshí, wǒ de hěn duō zhòngyào juédìng jiù shì zài pàozǎo shí zuòchū de.

（80字）

日本語訳

入浴は1日の中でとても重要なことです。入浴は体をきれいにすることができる上に、身心をリラックスさせることもできます。お風呂に入った後、1日の疲れが全部消えます。お風呂に浸かって考えごとをするのもいいですね。実は、私の多くの重要な決定はお風呂に入っている時に出したのです。

語句

- ☐ **清洁** qīngjié 形 清潔である
- ☐ **身体** shēntǐ 名 体
- ☐ **使** shǐ 動 …に～させる
- ☐ **身心** shēnxīn 名 心身
- ☐ **得到** dédào 動 得る
- ☐ **劳累** láolèi 形 働きすぎて疲労する
- ☐ **泡** pào 動 浸す
- ☐ **澡盆** zǎopén 名 バスタブ
- ☐ **泡澡** pàozǎo 動 風呂につかる
- ☐ **做出** zuòchū 作り出す

音読アドバイス！

発音のポイント

身心 shēnxīn　消失 xiāoshī　子音 sh と x の違いに十分注意しましょう。

洗澡后 hòu　不错 cuò　母音 ou と uo の発音に注意。「オー」のような音ではなく、「オゥ」「ウォ」のように、口の開き具合の変化を出すようにしましょう。

音読のポイント

洗澡是一天中很重要的事。　文のテーマとなる部分は強めに、はっきり発音しましょう。後に 1 拍置いたほうがより聴きやすくなります。

常用表現をマスターしよう！

洗澡不光能清洁身体，还能使身心得到放松。

“不光～还…”はセットで、「～ばかりでなくさらに…」という意味を表します。同じ意味で、“不光～而且…”などの形で使われることもあります。

例 他不光是歌手，还是一名电影导演。
Tā bùguāng shì gēshǒu, hái shì yì míng diànyǐng dǎoyǎn.
（彼は歌手だけでなく、映画監督でもあります。）

例 这本书不光能练习朗读，而且能学到很多语法表现。
Zhèi běn shū bùguāng néng liànxí lǎngdú, érqiě néng xuédào hěn duō yǔfǎ biǎoxiàn.
（この本で音読練習ができるだけでなく、たくさんの文法表現を習得することもできます。）

泡在澡盆里想事情也不错。

“不错”は直訳すると「悪くない」というふうになりますが、実際、“很好”と同じくらい程度が高い表現です。どんどん使ってみてください。

例 你的汉语说得相当不错。
Nǐ de Hànyǔ shuōde xiāngdāng búcuò.
（あなたの中国語はなかなかお上手ですね。）

例 这个菜是你做的？味道不错。
Zhèige cài shì nǐ zuò de? Wèidao búcuò.
（この料理はあなたが作ったのですか。なかなかおいしいです。）

34

睡眠 —— 自分の「睡眠」について

CD1-34

一项问卷调查的结果显示，/四十多岁的日本
Yí xiàng wènjuàn diàochá de jiéguǒ xiǎnshì, sìshí duō suì de Rìběn

人中，/有大约一半的人/每天睡眠时间/不超过六个
rén zhōng, yǒu dàyuē yíbàn de rén měitiān shuìmián shíjiān bù chāoguò liù ge

小时。/我几乎每天十二点多睡觉，/六点半起床，/
xiǎoshí. Wǒ jīhū měitiān shí'èr diǎn duō shuìjiào, liù diǎn bàn qǐchuáng,

我的情况/也跟这项调查结果差不多。/ (77字)
wǒ de qíngkuàng yě gēn zhèi xiàng diàochá jiéguǒ chàbuduō.

日本語訳

あるアンケート調査の結果によると、40代の日本人のうち、約半分の人の睡眠時間が6時間未満ということになっているようです。私はほとんど毎日12時過ぎに寝て、6時半に起きるので、自分の状況もこの調査結果とほぼ一致しています。

語句

- □ **项** xiàng 量（項目や種類を数える）項、件
- □ **问卷** wènjuàn 名 アンケート
- □ **调查** diàochá 動 調査する
- □ **显示** xiǎnshì 動 はっきり示す
- □ **大约** dàyuē 形 だいたい
- □ **一半** yíbàn 数 半分
- □ **超过** chāoguò 動 上回る
- □ **差不多** chàbuduō 形 ほとんど同じである

音読アドバイス！

発音のポイント

一项问卷调查的结果显示 xiàng diào xiǎn 母音部分のiの音が抜けやすいので注意しましょう。"睡眠时间 mián jiān" なども同じパターンです。

情况 qíngkuàng 子音はどちらも有気音なので、息を多めに強めに出すようにしましょう。

音読のポイント

十二点多睡觉，六点半起床 「～の頃」「～の時」のような時間を表す連用修飾語の後ろには1拍置いたほうが聴きやすいということを20課で紹介しましたが、「～時」と具体的な時間の後は逆に間を入れないでつないで読むようにしましょう。

常用表現をマスターしよう！

▶ 四十多岁　十二点多

ここの"多"は「～余り」の意味を表しますが、量詞の前にも後ろにも置くことができます。10の倍数の数字につける場合、量詞の前に置きます。そうでない場合は、量詞の後につけます。

例 他的体重有八十多公斤。
Tā de tǐzhòng yǒu bāshí duō gōngjīn.
（彼の体重は80キロ以上あります。）

例 他一个月减了两公斤多。
Tā yí ge yuè jiǎnle liǎng gōngjīn duō.
（彼は1ヶ月で2キロ以上減量しました。）

▶ 我的情况也跟这项调查结果差不多。

"跟～差不多"は「～と大差がない、～とほとんど同じ」という意味です。"跟～差很多"と言うと、「～と全然違う」の意味になります。

例 女儿的个子跟妈妈差不多。
Nǚ'ér de gèzi gēn māma chàbuduō.
（娘の身長はお母さんとほとんど同じです。）

例 理想跟现实差很多。
Lǐxiǎng gēn xiànshí chà hěn duō.
（理想と現実は全然違います。）

35

娯楽 1 —— 日本の「温泉」について

CD1-35

日本温泉很多，/种类也很丰富。/跟许多日本
Rìběn wēnquán hěn duō, zhǒnglèi yě hěn fēngfù. Gēn xǔduō Rìběn

人一样，/我也非常喜欢温泉。/今年冬天/我打算和
rén yíyàng, wǒ yě fēicháng xǐhuan wēnquán. Jīnnián dōngtiān wǒ dǎsuan hé

家人一起去东北地区，/在那里一边赏雪/一边泡温
jiārén yìqǐ qù dōngběi dìqū, zài nàli yìbiān shǎng xuě yìbiān pào wēn

泉。/有机会的话，/下次我们一起去吧。/ (78字)
quán. Yǒu jīhui dehuà, xià cì wǒmen yìqǐ qù ba.

日本語訳

日本は温泉が多く、種類も豊富です。多くの日本人と同じように、私も温泉が大好きです。今年の冬に、家族と一緒に東北地方へ行って、そこで雪を見ながら温泉に入りたいです。機会があったら、今度一緒に行きましょう。

語句

- □ **丰富** fēngfù 形 豊富である
- □ **打算** dǎsuan 動 …するつもりだ
- □ **那里** nàli 代 そこ
- □ **赏** shǎng 動 鑑賞する
- □ **下次** xià cì 次回
- □ **吧** ba 助（提案の意を表す）しましょう

音読アドバイス！

発音のポイント

温泉 quán　複母音 üan と組み合わせる子音は j・q・x しかありません。表記は「··」がありませんが、発音は ü のままですので注意しましょう。

冬天 dōngtiān　無気音 d と有気音 t のペアに注意しましょう。d はなるべく息を漏らさないで、t は多めに息を出すようにしましょう。

音読のポイント

跟许多日本人一样　「～と同じ」という意味の"跟～一样"の部分は途中で切れずに、ひとかたまりで読みましょう。前回出てきた"跟～差不多"と"跟～差很多"も1つのチャンクになります。

常用表現をマスターしよう！

跟许多日本人一样

"跟～一样"は「～と同じ」という意味を表します。"跟～不（太）一样"と言えば、「～と（ちょっと）違う」の意味になります。

例 我的想法跟你的一样。
Wǒ de xiǎngfǎ gēn nǐ de yíyàng.
（私の考えはあなたのと同じです。）

例 本人跟照片不太一样。
Běnrén gēn zhàopiàn bú tài yíyàng.
（本人は写真とちょっと違います。）

有机会的话，下次我们一起去吧。

"～的话"は「～なら、～であれば」と仮定の意味を表します。"要是～的话"や"如果～的话"のように、セットで使われることもよくあります。

例 下个星期的话，应该没问题。
Xià ge xīngqī dehuà, yīnggāi méi wèntí.
（来週なら問題がないはずです。）

例 要是注重性价比的话，我推荐您这款手机。
Yàoshi zhùzhòng xìngjiàbǐ dehuà, wǒ tuījiàn nín zhèi kuǎn shǒujī.
（もしコストパフォーマンス重視でしたら、こちらの携帯電話をおすすめします。）

36

娯楽 2 ―― 日本と中国の「飲み会」について

CD1-36

在日语里，/跟朋友或同事一起喝酒的聚会/
Zài Rìyǔ li, gēn péngyou huò tóngshì yìqǐ hē jiǔ de jùhuì

叫做/“飲み会”。/但汉语里/好像没有完全对应的词。/
jiàozuò “Nomikai”. Dàn Hànyǔ li hǎoxiàng méiyou wánquán duìyìng de cí.

在中国，/朋友或同事聚会的时候/一般也少不了酒，/
Zài Zhōngguó, péngyou huò tóngshì jùhuì de shíhou yìbān yě shǎobuliǎo jiǔ,

但很少有以喝酒为前提的聚会。/ (77字)
dàn hěn shǎo yǒu yǐ hē jiǔ wéi qiántí de jùhuì.

日本語訳

日本語で、友達や同僚と一緒にお酒を飲む集まりを「飲み会」と言います。しかし中国語には、これにぴったり対応する言葉は存在しないようです。中国でも、一般的に、友達や同僚の集まりにはお酒を欠くことができないのですが、お酒を飲むことを前提にする集まりは少ないようです。

語句

- □ **日语** Rìyǔ 名 日本語
- □ **同事** tóngshì 名 同僚
- □ **聚会** jùhuì 名 集まり
- □ **叫做** jiàozuò 動 …と呼ばれる
- □ **好像** hǎoxiàng 副 …のようだ
- □ **对应** duìyìng 動 対応する
- □ **词** cí 名 単語、言葉
- □ **少不了** shǎobuliǎo 欠くことができない

音読アドバイス！

発音のポイント

在日语里　rì li　子音rとlの違いに注意しください。lは日本語の「ラ行」と同じで、舌先が上の歯茎に当てますが、rは舌先がどこにも触れないように注意しましょう。また、母音部分は同じiでも発音が違うことに気をつけましょう。

但汉语里　dàn hàn　鼻母音anの発音に注意しましょう。angにならないよう、「アエン」のように発音すると自然に聞こえます。口を横に引くイメージで練習してみましょう。

音読のポイント

……叫做“飲み会”　「～と言う」という意味の“叫做”の後に少し溜めを入れると注意を引く効果が出て、その後の内容が伝えやすくなります。

常用表現をマスターしよう！

▶朋友或同事聚会的时候一般也少不了酒

“少不了”は可能補語の形で、「欠くことができない、なくてはならない」という意味を表します。

例　以后少不了给您添麻烦。
Yǐhòu shǎobuliǎo gěi nín tiān máfan.
（今後ご迷惑をおかけすることもきっとあるかと思います。）

例　在中国北方，大年夜肯定少不了饺子。
Zài Zhōngguó běifāng, dàniányè kěndìng shǎobuliǎo jiǎozi.
（中国の北方では、大晦日に絶対になくてはならないのがギョーザです。）

▶以喝酒为前提

“以～为…”はセットで、「～を（もって）…とする」という意味を表します。

例　那家伙总是以自我为中心。
Nèi jiāhuo zǒngshì yǐ zìwǒ wéi zhōngxīn.
（あいつはいつも自己中心だ。）

例　他以身体不适为理由提前离开了会场。
Tā yǐ shēntǐ búshì wéi lǐyóu tíqián líkāile huìchǎng.
（彼は体調不良を理由に先に会場を出た。）

37

交通 1 ── 日本の「電車」について

CD1-37

日本的电车/因准时而有名，/除了特殊情况以外，/都会准点出发到达。/之前，/因为一辆电车早出发了二十秒，/铁路公司/竟然做了公开道歉，/这件事/让很多国家的人们/感到非常惊讶。/ (78字)

Rìběn de diànchē yīn zhǔnshí ér yǒumíng, chúle tèshū qíngkuàng yǐwài, dōu huì zhǔndiǎn chūfā dàodá. Zhīqián, yīnwei yí liàng diànchē zǎo chūfāle èrshí miǎo, tiělù gōngsī jìngrán zuòle gōngkāi dàoqiàn, zhèi jiàn shì ràng hěn duō guójiā de rénmen gǎndào fēicháng jīngyà.

日本語訳

日本の電車は時刻通りで有名です。特別な状況以外は、必ず定刻に発着します。この前、ある列車が20秒早く出発したことで、鉄道会社はなんと公に謝罪したことがありました。このことは多くの国の人たちを驚かせました。

語句

- □ **因…而～** yīn…ér ～ …が理由で～
- □ **准时** zhǔnshí 形 時間通りである
- □ **除了…以外** chúle…yǐwài …を除いて
- □ **到达** dàodá 動 到着する
- □ **之前** zhīqián 名 …の前
- □ **辆** liàng 量（車を数える）台
- □ **铁路** tiělù 名 鉄道
- □ **竟然** jìngrán 副 意外にも
- □ **公开** gōngkāi 形 公開の
- □ **道歉** dàoqiàn 動 謝る
- □ **让** ràng 動 …させる
- □ **人们** rénmen 名 人々
- □ **感到** gǎndào 動 感じる
- □ **惊讶** jīngyà 形 不思議がる

音読アドバイス！

発音のポイント

准时 zhǔn　複母音 uen に子音がつく場合、表記は「子音＋ un」になりますが、間の e の音は完全に消えたわけではないので、注意しましょう。

除了特殊情况以外 chú　shū　子音 ch と sh はどちらもそり舌音なので、舌の真ん中を凹ませてスプーンのような形にするのがコツです。母音 u が「ウ」にならないように、なるべく口の空間を上下に広げ、唇を突き出しましょう。

音読のポイント

这件事 / 让很多国家的人们 / 感到非常惊讶。　A＋让 B＋させること
使役文はこのように、3 つのブロックに分けて読んだほうが聞きやすくなります。（ただし、それぞれの部分が短ければまとめて読みます）

常用表現をマスターしよう！

▶ 除了特殊情况以外，都会准点出发到达。

“除了～以外”はセットで、「～以外、～のほかに、～を除いて」という意味を表します。

例 这家店除了过年以外每天都营业。
Zhèi jiā diàn chúle guònián yǐwài měitiān dōu yíngyè.
（この店はお正月のほかに毎日営業しています。）

例 除了臭鲹鱼干以外，我什么日本菜都爱吃。
Chúle chòu shēnyú gān yǐwài, wǒ shénme rìběncài dōu ài chī.
（くさや以外、どんな日本料理でも好きです。）

▶ 铁路公司竟然做了公开道歉

“竟然”は「なんと、意外にも」という意味で、いぶかり・驚きの語気を表します。

例 谁都没想到竟然会发生这种事。
Shéi dōu méi xiǎngdào jìngrán huì fāshēng zhèi zhǒng shì.
（こんなことが起きるなんて、誰も予想しなかった。）

例 他任市长才两年，竟然受贿上亿元。
Tā rèn shìzhǎng cái liǎng nián, jìngrán shòuhuì shàng yì yuán.
（彼は市長になってから、たった 2 年でなんと 1 億元以上もの賄賂を受け取った。）

38

交通 2 ―― 日本と中国の「交通(自動車)」について

CD1-38

在中国，/大城市的交通拥堵/十分严重，/汽车
Zài Zhōngguó, dà chéngshì de jiāotōng yōngdǔ shífēn yánzhòng, qìchē

尾气/也造成了大气污染。/而在日本，/因为/大城市
wěiqì yě zàochéngle dàqì wūrǎn. Ér zài Rìběn, yīnwei dà chéngshì

的公共交通很发达，/开车出门的人并不很多。/我
de gōnggòng jiāotōng hěn fādá, kāichē chūmén de rén bìng bù hěn duō. Wǒ

觉得在这方面，/中国应该向日本学习。/ (78字)
juéde zài zhèi fāngmiàn, Zhōngguó yīnggāi xiàng Rìběn xuéxí.

日本語訳

中国では、大都市の交通渋滞が非常に深刻で、排気ガスも大気汚染を作り出しています。しかし日本では、大都市の公共交通がとても発達しているので、車で出かける人は決して多くありません。この面において、中国は日本に見習うべきだと思います。

語句

- □ **城市** chéngshì 名 都市
- □ **拥堵** yōngdǔ 動 渋滞する
- □ **十分** shífēn 副 非常に
- □ **严重** yánzhòng 形 深刻である
- □ **汽车** qìchē 名 自動車
- □ **尾气** wěiqì 名 排気ガス
- □ **造成** zàochéng 動 引き起こす
- □ **污染** wūrǎn 動 汚染する
- □ **公共** gōnggòng 形 公共の
- □ **发达** fādá 形 発達している
- □ **开车** kāichē 動 運転する
- □ **并** bìng 副 決して
- □ **应该** yīnggāi 助動 …べきだ
- □ **向** xiàng 介 …に

音読アドバイス！

発音のポイント

汽车尾气也造成了大气污染 wěi yě rǎn 第3声は単独の場合、または文末（例えば、上の文の"染 rǎn"）に位置する場合は、少し上がることがありますが、そうでなければ上がりません（例えば、上の文の"尾 wěi"と"也 yě"）。

中国应该向日本学习 xiàng 子音xと鼻音angの間のiの発音は抜けがちなので、注意が必要です。

音読のポイント

汽车尾气／也造成了大气污染。「排気ガスも大気汚染の原因になっています」。日本語なら、「排気ガスも」の後に1拍置いて読むのが一般的ですが、中国語の場合は、「も」に相当する"也"は必ずその後ろの述語と一緒に読みます。

常用表現をマスターしよう！

▶ 汽车尾气也造成了大气污染。

"造成"は「引き起こす」という意味で、悪い結果をもたらす場合に用いられます。

例 贸易战给全球经济造成了打击。
Màoyìzhàn gěi quánqiú jīngjì zàochéngle dǎjī.
（貿易戦は世界経済に打撃を与えた。）

例 这场罕见的大雨造成八人死亡，数十人失踪。
Zhèi cháng hǎnjiàn de dàyǔ zàochéng bā rén sǐwáng, shù shí rén shīzōng.
（今回のまれに見る豪雨が8人死亡、数10人行方不明の被害をもたらした。）

▶ 中国应该向日本学习。

"应该"は助動詞で、ここでは「～すべきだ」という意味を表します。

例 你应该告诉他那件事。
Nǐ yīnggāi gàosu tā nèi jiàn shì.
（彼にそのことを知らせるべきですよ。）

"应该"は「～のはずだ」という意味を表すこともあります。

例 他应该知道那件事。
Tā yīnggāi zhīdao nèi jiàn shì.
（彼はそのことを知っているはずです。）

39

交通 3 —— 日本と中国の「タクシー」について

CD1-39

日本的出租车服务很好，/但价格很贵，/如果
Rìběn de chūzūchē fúwù hěn hǎo, dàn jiàgé hěn guì, rúguǒ

没有特殊情况，/一般人很少打车。/和日本相比，/
méiyou tèshū qíngkuàng, yìbānrén hěn shǎo dǎchē. Hé Rìběn xiāngbǐ,

中国的出租车价格/比较容易被老百姓接受，/而且/
Zhōngguó de chūzūchē jiàgé bǐjiào róngyì bèi lǎobǎixìng jiēshòu, érqiě

可以用手机软件叫车并支付，/非常方便。/ (79字)
kěyǐ yòng shǒujī ruǎnjiàn jiào chē bìng zhīfù, fēicháng fāngbiàn.

日本語訳

日本のタクシーはサービスがとてもいいのですが、値段が高いです。特別なことがない限り、一般の人はあまりタクシーを利用しません。日本と比べて、中国のタクシーの値段は、一般庶民にとって比較的に受け入れやすいです。それに、スマホアプリでタクシーを呼んだり、支払いをしたりすることができるので、非常に便利です。

語句

- ☐ **出租车** chūzūchē 名 タクシー
- ☐ **服务** fúwù 動 サービスする
- ☐ **价格** jiàgé 名 価格
- ☐ **贵** guì 形 （値段などが）高い
- ☐ **如果** rúguǒ 接続 もしも
- ☐ **打车** dǎchē 動 タクシーに乗る
- ☐ **相比** xiāngbǐ 動 比べる
- ☐ **被** bèi 介 …に～される
- ☐ **老百姓** lǎobǎixìng 名 庶民
- ☐ **手机** shǒujī 名 携帯電話
- ☐ **软件** ruǎnjiàn 名 ソフト
- ☐ **支付** zhīfù 動 支払う

音読アドバイス！

発音のポイント

出租车 chūzūchē　子音が ch・z・ch というふうに、そり舌音と舌歯音が交互になっていて読みづらいですが、正確ではっきりと発音できるように練習しましょう。

出租车价格 chē gé　単母音 e は、口が開き過ぎると「ア」のようになってしまうので注意しましょう。人差し指の先を軽く噛んで練習してみましょう。

音読のポイント

中国的出租车价格比较容易被老百姓接受。この文は受身の形になっています。受身文は、"被" と後の部分を 1 つのかたまりにして読むようにしましょう。

常用表現をマスターしよう！

▶ 如果没有特殊情况，一般人很少打车。

"如果" は仮定を表す接続詞で、「もしも、もし～ならば」という意味を表します。"如果～的话" とセットで使われることもよくあります。

例 如果有什么事，请随时跟我联系。
Rúguǒ yǒu shénme shì, qǐng suíshí gēn wǒ liánxì.
（何かありましたら、いつでもご連絡ください。）

例 如果我没记错的话，今天是你的生日吧。
Rúguǒ wǒ méi jìcuò dehuà, jīntiān shì nǐ de shēngrì ba.
（記憶に間違いがなければ、今日はあなたの誕生日ですよね。）

▶ 和日本相比，……

"和～相比" はセットで、「～に比べて、～と比較して」という意味です。"和" は "与" "跟" や "同" と言い換えることもあります。

例 和年轻时相比，现在胖多了。
Hé niánqīng shí xiāngbǐ, xiànzài pàng duōle.
（若い時に比べて、今はだいぶ太りました。）

例 与去年同期相比，利润增长了百分之十。
Yǔ qùnián tóngqī xiāngbǐ, lìrùn zēngzhǎngle bǎi fēn zhī shí.
（去年の同じ時期に比べて、利益は 10%増えました。）

40

交通 4 —— 日本の「新幹線」と中国の「高速鉄道」について CD1-40

日本的新干线/以安全、/舒适和快捷/闻名世界。/
Rìběn de xīn'gànxiàn yǐ ānquán, shūshì hé kuàijié wénmíng shìjiè.

现在，/中国高铁的发展非常迅速。/据说，/中国高
Xiànzài, Zhōngguó gāotiě de fāzhǎn fēicháng xùnsù. Jùshuō, Zhōngguó gāo

铁无论长度/还是速度，/都是世界之最。/我还没坐
tiě wúlùn chángdù háishi sùdù, dōu shì shìjiè zhī zuì. Wǒ hái méi zuò

过高铁，/希望有机会/能够体验一下。/ (78字)
guo gāotiě, xīwàng yǒu jīhui nénggòu tǐyàn yíxià.

日本語訳

日本の新幹線は安全と快適さと速さで世界でも有名です。今や、中国の高速鉄道の発展が非常に速く、長さにおいても速度においても、いずれも世界一だと言われています。私はまだ高速鉄道を乗ったことがないのですが、機会があれば体験してみたいと思います。

語句

- □ **快捷** kuàijié 形 （スピードが）速い
- □ **闻名** wénmíng 動 有名である
- □ **高铁** gāotiě 名 高速鉄道
- □ **发展** fāzhǎn 動 発展する
- □ **迅速** xùnsù 形 非常に速い
- □ **据说** jùshuō 動 聞くところによれば
- □ **长度** chángdù 名 長さ
- □ **还是** háishi 接続 それとも
- □ **能够** nénggòu 助動 …できる

音読アドバイス！

発音のポイント

新干线 gànxiàn　安全 ānquán　子音 an・ian・üan はいずれも an シリーズの複母音で発音が似ていますが、介音 i や ü が抜けないように気をつけましょう。なお、üan に付けられる子音は j・q・x だけで、表記は uan になることにも注意しましょう。

迅速 xùn　无论 lùn　xùn と lùn で、一見母音部分が同じですが、実は違います。xùn の母音部分はもともと ün で、表記は「··」が省かれた形です。lùn の母音部分はもともと uen で、e が表記では省かれた形です。

音読のポイント

日本的新干线以安全、舒适和快捷闻名世界。“A、B 和 C”のように並んでいる場合、「、」のところに少し間を入れ、「B 和 C」はひとかたまりで読むのが一般的です。しかし、もし B の部分が長い場合、「B 和、C」ではなく「B、和 C」というふうに切って読みます。

常用表現をマスターしよう！

▶ 据说，……

“据说”は「～と言われている、話によると～だそうだ」という意味を表します。

例 **据说那个房子闹鬼。**
Jùshuō nèige fángzi nàoguǐ.
（その家は幽霊が出ると言われているよ。）

例 **据说她是这个大学的校花。**
Jùshuō tā shì zhèige dàxué de xiàohuā.
（彼女はこの大学のミスコンだそうです。）

▶ 中国高铁无论长度还是速度，都是世界之最。

“无论～还是…”はセットで、「～であろうと、～でも」と、条件のいかんを問わず、結果が同じだという意味を表します。**“都”**や**“也”**などの副詞を使って呼応させます。

例 **无论啤酒还是葡萄酒，我都喜欢喝。**
Wúlùn píjiǔ háishi pútaojiǔ, wǒ dōu xǐhuan hē.
（ビールであろうとワインであろうと、何でも好きです。）

例 **无论刮风还是下雨，他每天都坚持跑步。**
Wúlùn guā fēng háishi xià yǔ, tā měitiān dōu jiānchí pǎobù.
（風の日でも雨の日でも、彼は毎日ジョギングを続けています。）

41

食事 1 —— 「自炊」について

CD1-41

你经常在家做菜/还是在外面吃？ /我很喜欢做菜，/特别喜欢一边做菜/一边喝啤酒。/虽然/有时会失败，/但有时也会做出/连自己都吃惊的美味。/我觉得/这也是自己做菜的一种乐趣。 /（76字）

Nǐ jīngcháng zài jiā zuòcài háishi zài wàimiàn chī? Wǒ hěn xǐhuan zuò cài, tèbié xǐhuan yìbiān zuòcài yìbiān hē píjiǔ. Suīrán yǒushí huì shībài, dàn yǒushí yě huì zuòchū lián zìjǐ dōu chījīng de měiwèi. Wǒ juéde zhè yě shì zìjǐ zuòcài de yì zhǒng lèqù.

日本語訳

あなたはよく自炊しますか、それともよく外食しますか。私は料理するのが大好きで、特に料理しながらビールを飲むのが好きです。失敗することもありますが、時々自分でもびっくりするくらいおいしいものを作れることがあります。これも自炊の楽しみの1つだと思います。

語句

- □ **做菜** 動 zuòcài 料理を作る
- □ **连** lián 介 …さえも
- □ **美味** měiwèi 名 おいしい食べ物
- □ **种** zhǒng 量 種、種類
- □ **乐趣** lèqù 名 楽しみ

音読アドバイス！

発音のポイント

经常 jīngcháng　做菜 zuòcài　特别 tèbié　啤酒 píjiǔ　今回は、無気音と有気音が両方出ている単語が多いですね。無気音はなるべく息を控えて、有気音はなるべく息を多めに強めに出すようにしましょう。

虽然有时会失败，但有时也会做出连自己都吃惊的美味。huì　"会"の発音は間違えやすいです。子音 h は、うがいする時のように、喉の通路を狭めるイメージで出す摩擦音です。母音部分の ui の間に隠れている e の音にも注意してください。

音読のポイント

你经常在家做菜 / 还是在外面吃？　"A / 还是 B？"「A ですか、それとも B ですか」のような選択式疑問文は、以上のように 2 つのパートに分けて読みましょう。「それとも」という意味の "还是" は必ず選択肢 B とつなげて読みます。

常用表現をマスターしよう！

▶ 虽然有时会失败，但有时也会做出连自己都吃惊的美味。

"你会游泳吗？"（あなたは泳げますか）のように、助動詞 "会" は「(技術・技能を習得して) ～ができる」という意味を表す用法は初級段階で学習したことでしょう。ほかに、「～するであろう」と可能性があることを表す用法もあります。

例 时间会证明一切。
Shíjiān huì zhèngmíng yíqiè.
(時間がすべてを証明できるだろう。)

例 以后你一定会明白的。
Yǐhòu nǐ yídìng huì míngbai de.
(そのうちあなたはきっと分かるだろう。)

▶ 连自己都吃惊的美味

"连～都…" は「～でさえも…」という意味のセットで、極端な例をあげて強調する構文です。

例 他连脸都没洗就急忙出门了。
Tā lián liǎn dōu méi xǐ jiù jímáng chūmén le.
(彼は顔も洗わないで急いで出かけた。)

例 他连高中都没毕业，什么时候成了博士了?
Tā lián gāozhōng dōu méi bìyè, shénme shíhou chéngle bóshì le?
(彼は高校すら出ていないのに、いつ博士なんかになったんだ？)

42

食事 2 ——「ファストフード店」について

CD1-42

都市生活节奏很快，/各种各样的快餐店/也很多。/说到快餐店，/人们往往会想到麦当劳等西式餐厅。/不过，/现在日本也有“沙县小吃”等中式快餐店。/有机会的话，/请一定去尝尝看。/ (79字)

Dūshì shēnghuó jiézòu hěn kuài, gèzhǒng gèyàng de kuàicāndiàn yě hěn duō. Shuōdào kuàicāndiàn, rénmen wǎngwǎng huì xiǎngdào Màidāngláo děng xīshì cāntīng. Búguò, xiànzài Rìběn yě yǒu “Shāxiàn Xiǎochī” děng zhōngshì kuàicāndiàn. Yǒu jīhui dehuà, qǐng yídìng qù chángchang kàn.

日本語訳

都会は生活リズムが速いので、さまざまなファストフード店も多いです。ファストフード店と言えば、マクドナルドのような西洋レストランが思い出されるでしょうが、今や日本にも「沙県小吃」など中華ファストフード店があります。機会があったら是非食べてみてください。

語句

- □ **节奏** jiézòu 名 リズム
- □ **快** kuài 形 速い
- □ **各种各样** gèzhǒng gèyàng さまざまである
- □ **快餐店** kuàicāndiàn 名 ファストフード店
- □ **往往** wǎngwǎng 副 往々にして
- □ **麦当劳** Màidāngláo 名 マクドナルド
- □ **西式** xīshì 形 西洋風の
- □ **餐厅** cāntīng 名 レストラン
- □ **中式** zhōngshì 形 中国式の

音読アドバイス！

発音のポイント

沙县小吃 Shāxiàn Xiǎochī　店舗数がなんと6万以上にものぼると言われている"沙县小吃"ですが、その発音もなかなかのものですね。子音は sh・x・x・ch というふうに、そり舌音と舌面音が混ざっています。混同しないよう区別しましょう。

请一定去尝尝看。chángchang kàn　鼻音 an と ang の違いに十分注意してください。舌の位置（an は前より、ang は後ろより）と口の中の空間（an は狭め、ang は広め）の違いを意識して練習しましょう。

音読のポイント

请一定去尝尝看。　動詞の重ね型になった2つ目の音節は普通軽声になりますが、今回の「重ね型＋"看"」の形の場合、ピンイン表記では軽声になっていても、元の声調に近い感じで発音したほうが自然に聞こえます。

常用表現をマスターしよう！

▶ 说到快餐店，……

"说到～"は「～と言えば、～の話となると」という意味を表します。

例 **说到日本，很多人都会想到富士山。**
Shuōdào Rìběn, hěn duō rén dōu huì xiǎngdào Fùshìshān.
（日本と言えば、富士山を連想する人は多いでしょう。）

例 **说到人工智能，大家可能多少会有一些危机感。**
Shuōdào réngōng zhìnéng, dàjiā kěnéng duōshǎo huì yǒu yìxiē wéijīgǎn.
（AI と言えば、みなさんは多かれ少なかれ危機感を抱いてしまうかもしれません。）

▶ 请一定去尝尝看。

動詞の重ね型に"看"をつけると､「試みる」というニュアンスがより強調されます。

例 **肯定不会丢的，你再找找看。**
Kěndìng bú huì diū de, nǐ zài zhǎozhao kàn.
（絶対なくなったりしないから、もうちょっと探してみてごらん。）

例 **大家想想看，如果是自己的话会怎么办？**
Dàjiā xiǎngxiang kàn, rúguǒ shì zìjǐ dehuà huì zěnme bàn?
（考えてみてください。もし自分だったらどうするのか。）

※"找找""想想"はいずれも第3声なので、実際の音声は「第2声＋第3声」のようになります。

43

食事3 —— 「レシピ」（トマトと卵の炒め物）について

CD1-43

材料：鸡蛋三个、/西红柿三个、/葱花和盐少许。/
Cáiliào: jīdàn sān ge、 xīhóngshì sān ge、 cōnghuā hé yán shǎoxǔ.

先炒鸡蛋，/再把切好的西红柿加进去，/一边炒/一
Xiān chǎo jīdàn, zài bǎ qiēhǎo de xīhóngshì jiājìnqu, yìbiān chǎo yì

边把鸡蛋切成跟西红柿差不多的大小。/炒到西红
biān bǎ jīdàn qiēchéng gēn xīhóngshì chàbuduō de dàxiǎo. Chǎodào xīhóng

柿汁出来后，/加盐和葱花/就做好了。/ (79字)
shì zhī chūlai hòu, jiā yán hé cōnghuā jiù zuòhǎo le.

日本語訳

材料：たまご3個、トマト3個、刻んでおいたネギと塩少々。まずたまごを炒め、それから切っておいたトマトを加えます。炒めながらたまごをトマトと同じくらいサイズに切ります。トマトの汁が出るまで炒め、塩と刻んだネギを入れれば完成です。

語句

- ☐ **鸡蛋** jīdàn 名 たまご
- ☐ **西红柿** xīhóngshì 名 トマト
- ☐ **葱花** cōnghuā 名 ネギのミジン切り
- ☐ **盐** yán 名 食塩
- ☐ **少许** shǎoxǔ 形 少量の
- ☐ **炒** chǎo 動 炒める
- ☐ **再** zài 副 引き続き
- ☐ **把** bǎ 介 …を
- ☐ **加进去** jiājìnqu 加えていく、入れる
- ☐ **成** chéng 動 …にする
- ☐ **大小** dàxiǎo 名 大きさ

音読アドバイス！

発音のポイント

切成 qiēchéng　混同しやすい子音 q と ch の違いに注意してください。それぞれの舌の形の違いを意識して練習しましょう。

炒到西红柿汁出来后 shì zhī chū　そり舌音のオンパレードです。それぞれの発音の違いに注意しましょう。

音読のポイント

先炒鸡蛋，再把切好的西红柿加进去，“把”構文も他の介詞フレーズと同じように、介詞“把”とその後の目的語を１つのかたまりにして読みます。

常用表現をマスターしよう！

▶ 把切好的西红柿加进去　把鸡蛋切成跟西红柿差不多的大小

“把” ＋ 何を ＋ どうするのか / どうしたのか

中国語の動詞文の基本語順は「主語＋動詞＋目的語」ですが、介詞（前置詞）“把”を用いて、目的語を動詞の前に引き出すことがあります。この形の文は“把”構文と言い、目的語に対して何をして、その結果がどうなるのかということが強調されます。

例 她把头发剪短了。
Tā bǎ tóufa jiǎnduǎn le.
（彼女は髪を短く切りました。）

例 把姜切成丝，把葱切成末。
Bǎ jiāng qiēchéng sī, bǎ cōng qiēchéng mò.
（ショウガを千切りに、ネギをみじん切りにします。）

▶ 把切好的西红柿加进去　　加盐和葱花就做好了

“好”は結果補語として動詞の後ろにつけて、その動作がきちんとでき上がったことを表します。

例 大家准备好了吗？
Dàjiā zhǔnbèihǎo le ma?
（みなさん、準備できましたか。）

例 请您系好安全带。
Qǐng nín jìhǎo ānquándài.
（シートベルトをきちんとお締めください。）

44

食事 4 ── 「デザート」について

CD1-44

日语里有句话说：/甜点有另一个肚子来装。/
Rìyǔ li yǒu jù huà shuō: Tiándiǎn yǒu lìng yí ge dùzi lái zhuāng.

意思是，/就算已经吃饱了，/也吃得下甜点。/
Yìsi shì, jiùsuàn yǐjīng chībǎo le, yě chīdexià tiándiǎn.

甜点确实好吃，/可这样的话，/会摄取过多的热量，/
Tiándiǎn quèshí hǎochī, kě zhèiyàng dehuà, huì shèqǔ guò duō de rèliàng,

就算真有“另一个肚子”，/也会胖起来的。/（79 字）
jiùsuàn zhēn yǒu “lìng yí ge dùzi”, yě huì pàngqǐlai de.

日本語訳

日本語には、「デザートは別腹」ということばがあります。それは、たとえもうお腹がいっぱいになっていても、デザートならまだ食べられるという意味です。デザートは確かにおいしいけれど、これでは余分のカロリーを摂取することになります。たとえ本当に「別腹」があるとしても、太ってしまいますよ。

語句

- ☐ **句** jù 量（言葉や話を数える）
- ☐ **甜点** tiándiǎn 名 デザート
- ☐ **另** lìng 代 別の
- ☐ **装** zhuāng 動 詰める
- ☐ **意思** yìsi 名 意味
- ☐ **就算** jiùsuàn 接続 たとえ
- ☐ **吃得下** chīdexià 食べられる
- ☐ **确实** quèshí 副 確かに
- ☐ **这样** zhèiyàng 代 このような
- ☐ **摄取** shèqǔ 動 摂取する
- ☐ **过多** guò duō 過多である
- ☐ **热量** rèliàng 名 カロリー
- ☐ **真** zhēn 形 本当の
- ☐ **胖** pàng 形 太っている

音読アドバイス！

発音のポイント

甜点 tiándiǎn　介音iを抜かさないこと、anが「アン」にならないこと、また、有気音tと無気音dの違いに気をつけましょう。

热量 rèliàng　子音rとlの違いに注意しましょう。rを発音する時、舌先が宙に浮いている状態で、どこにも触れません。

音読のポイント

就算已经吃饱了，也吃得下甜点。chīdexià　"吃得下（食べられる）"は可能補語の形で、"吃不下 chībuxià"だと反対の意味になります。その間の"得"と"不"は必ず軽声になります。ちなみに、"起得来 qǐdelái（起きられる）"や"回不去 huíbuqù（帰れない）"のように、普通なら軽声になる"来"と"去"は、可能補語の形だと元の声調になります。

常用表現をマスターしよう！

就算已经吃饱了，也吃得下甜点。就算真有"另一个肚子"，也会胖起来的。

"就算～也…"はセットで、「たとえ～としても…」という意味を表します。

例 就算有钱，也不能浪费。
Jiùsuàn yǒu qián, yě bù néng làngfèi.
（たとえお金があっても、無駄遣いはしてはいけない。）

例 平时不努力的话，就算机会来到眼前也抓不住。
Píngshí bù nǔlì dehuà, jiùsuàn jīhui láidào yǎnqián yě zhuābuzhù.
（普段努力していなければ、たとえチャンスが目の前にやってきてもつかむことができない。）

甜点确实好吃，……

"确实"は「確かに、本当に」という意味で、肯定の語気を強調する副詞です。"的确 díquè"と言い換えることもできます。

例 这确实是我的责任。
Zhè quèshí shì wǒ de zérèn.
（これは確かに私の責任です。）

例 他的演技确实高超，不愧是名演员。
Tā de yǎnjì quèshí gāochāo, búkuì shì míng yǎnyuán.
（彼の演技は確かにすごい。さすが名優。）

45

食事 5 ―― 「飲み物」について日本と中国の違い　CD1-45

日本人不管春夏秋冬/都喝凉水，/但很多中国
Rìběnrén bùguǎn chūnxiàqiūdōng dōu hē liángshuǐ, dàn hěn duō Zhōngguó

人，/尤其是岁数大的人/喝不了凉水。/现在，/来
rén, yóuqí shì suìshu dà de rén hēbuliǎo liángshuǐ. Xiànzài, lái

日本旅游的中国人很多，/我觉得/尤其是冬天，/饮
Rìběn lǚyóu de Zhōngguórén hěn duō, wǒ juéde yóuqí shì dōngtiān, yǐn

食店等/最好给中国游客准备热水或热茶。/ (78字)
shídiàn děng zuìhǎo gěi Zhōngguó yóukè zhǔnbèi rèshuǐ huò rè chá.

日本語訳

日本人は季節と関係なく 1 年中冷たい水を飲んでいますが、中国人には、特に年配の方には冷たい水が飲めない人が多くいます。今、日本に旅行に来る中国人はとても多いですが、特に冬に、飲食店などでは、中国の観光客のためにお湯または暖かいお茶を用意してあげればいいなと思います。

語句

- □ **不管** bùguǎn 接続 …にかかわらず
- □ **凉水** liángshuǐ 名 冷たい水
- □ **尤其** yóuqí 副 特に
- □ **岁数** suìshu 名 年齢
- □ **喝不了** hēbuliǎo 飲めない
- □ **最好** zuìhǎo 副 できるだけ…したほうがよい
- □ **游客** yóukè 名 観光客
- □ **热水** rèshuǐ 名 お湯

音読アドバイス！

発音のポイント

春夏秋冬 chūn qiū　un の間に隠れている e、iu の間に隠れている o の発音を抜けないように気をつけましょう。

热水或热茶 huò　“或 huò” が「フォー」のような音ではありません。h は、息が唇ではなく喉の奥から出てくる摩擦音。uo は、「u → o」の変化を意識しましょう。

音読のポイント

我觉得……　自分の考えや意見を述べる時、よく “我觉得……”、“我认为……” などの表現を使って切り出します。これらの表現の後に一拍置いたほうが、より相手の注意を引くことができます。

常用表現をマスターしよう！

▶ 不管春夏秋冬都喝凉水

“不管～都…” は「～にかかわらず…、いくら～でも…」という意味で、いかなる条件でも結論に変わりがないことを表します。“不管” は “不论” や “无论” などと言い換えることができます。

例 不管怎么说，他都不听。
Bùguǎn zěnme shuō, tā dōu bù tīng.
（いくら言っても、彼は聞く耳を持たない。）

例 不论结果如何，我都不会后悔。
Búlùn jiéguǒ rúhé, wǒ dōu bú huì hòuhuǐ.
（結果がどうであれ、私は後悔をしません。）

▶ 尤其是岁数大的人　尤其是冬天

副詞 “尤其” は「（…の中でも）特に～、とりわけ～」という意味を表します。

例 他很喜欢狗，尤其喜欢秋田犬。
Tā hěn xǐhuan gǒu, yóuqí xǐhuan Qiūtiánquǎn.
（彼は犬が好きで、特に秋田犬が大好きです。）

例 日本的动画片在中国很有人气，尤其是宫崎骏的作品，可以说家喻户晓。 Rìběn de dònghuàpiàn zài Zhōngguó hěn yǒu rénqì, yóuqí shì Gōngqí Jùn de zuòpǐn, kěyǐ shuō jiāyùhùxiǎo.
（日本のアニメは中国でとても人気があります。特に宮崎駿の作品は、誰でも知っていると言ってもいいでしょう。）

46

食事 6 ── 「食べ放題」について

CD1-46

“食べ放題”用汉语说/就是“吃到饱”。/也许是受日本的影响，/在中国，/现在类似“吃到饱”的服务很多。/不过，/我觉得这种服务/虽然很划算，/但容易吃得过多，/对健康不太好。/ (78字)

“Tabehoudai” yòng Hànyǔ shuō jiù shì“chīdàobǎo”. Yěxǔ shì shòu Rìběn de yǐngxiǎng, zài Zhōngguó, xiànzài lèisì “chīdàobǎo” de fúwù hěn duō. Búguò, wǒ juéde zhèi zhǒng fúwù suīrán hěn huásuàn, dàn róngyì chīde guò duō, duì jiànkāng bú tài hǎo.

日本語訳

「食べ放題」は中国語では“**吃到饱**”と言います。日本の影響かもしれませんが、中国では、今“**吃到饱**”のようなサービスはたくさんあります。しかし、こういうサービスはとてもお得ですが、つい食べすぎてしまうので、健康にあまりよくないと思います。

語句

□ **吃到饱** chīdàobǎo 食べ放題
□ **也许** yěxǔ 副 もしかしたら…かもしれない
□ **类似** lèisì 動 類似する
□ **划算** huásuàn 形 割に合う

音読アドバイス！

発音のポイント

也许 yěxǔ　子音j・q・xにつくuは「偽物のu」で、üの「··」が省略されたものであることを忘れないでください。

服务 fúwù　この2つのuは「本物のu」ですが、日本語の「ウ」にならないように気をつけましょう。なお、上の歯と下の唇の内側が触れ合う子音fの発音にも注意。

音読のポイント

对健康不太好　「あまり～ではない」という意味の"不太"には普通アクセントを置きません。しかし「～すぎる」という意味の"太～"や、「なんと～だろう」と感嘆な語気を表す"太～了"の時は、"太"にアクセントを置いて読んだほうが自然です。

常用表現をマスターしよう！

也许是受日本的影响

"**也许**"は「～かもしれない」という意味の副詞で、推測の意を表すほか、自分の意見や主張を婉曲的に持ちかける時に使われます。

例　他也许忘了，你最好提醒他一下。
Tā yěxǔ wàng le, nǐ zuìhǎo tíxǐng tā yíxià.
（彼は忘れてるかもしれないから、リマインドしたほうがいいと思うよ。）

例　也许这就是缘分吧。
Yěxǔ zhè jiù shì yuánfèn ba.
（これがご縁なのかもしれませんね。）

容易吃得过多

"**容易**"は「やさしい、簡単だ」という意味の形容詞ですが、動詞や形容詞の前に置いて、「～しやすい、～しがち」という意味を表します。反対に、"**难～**"と言えば、「～しにくい、～しがたい」という意味になります。

例　开着空调睡觉容易感冒。
Kāizhe kōngtiáo shuìjiào róngyì gǎnmào.
（エアコンをつけたままで寝ると風邪をひきやすいよ。）

例　人的性格是很难改变的。
Rén de xìnggé shì hěn nán gǎibiàn de.
（人の性格はなかなか変えられないものですよ。）

47

食事 7 ── 「屋台」について

CD1-47

说到小吃摊，/可能很多人会想到炒面和章鱼
Shuōdào xiǎochītān, kěnéng hěn duō rén huì xiǎngdào chǎomiàn hé zhāngyú

丸子吧。/我很喜欢在小吃摊吃东西，/因为/不仅
wánzi ba. Wǒ hěn xǐhuan zài xiǎochītān chī dōngxi, yīnwei bùjǐn

味道好，/气氛也十分热闹。/大家一起边吃边聊，/开
wèidao hǎo, qìfen yě shífēn rènao. Dàjiā yìqǐ biān chī biān liáo, kāi

心极了。/你最喜欢的小吃是什么呢？/ （77字）
xīn jíle. Nǐ zuì xǐhuan de xiǎochī shì shénme ne?

日本語訳

屋台と言えば、焼きそばやたこ焼きを連想する人が多いでしょう。（屋台の食べ物は）おいしいし、雰囲気もにぎやかなので、私は屋台で食べるのが大好きです。みんなで一緒に食べながらおしゃべりをするのがすごく楽しいです。あなたが一番好きな屋台の食べ物は何ですか。

語句

- □ **小吃摊** xiǎochītān 名 屋台
- □ **可能** kěnéng 助動 …かもしれない
- □ **炒面** chǎomiàn 名 焼きそば
- □ **章鱼丸子** zhāngyú wánzi たこ焼き
- □ **不仅** bùjǐn 接続 …ばかりでなく
- □ **味道** wèidao 名 味
- □ **气氛** qìfen 名 雰囲気
- □ **热闹** rènao 形 にぎやかである
- □ **边…边～** biān…biān～ …しながら～する
- □ **聊** liáo 動 雑談する
- □ **极了** jíle ものすごく…
- □ **小吃** xiǎochī 名 軽食

音読アドバイス！

発音のポイント

章鱼 zhāngyú　zhāng が「ジャン」のような音にならないよう、子音 zh の発音に注意してください。yú は ü の音なので、間違えないように気をつけましょう。

气氛也十分热闹 qìfen rènao　fen と nao はどちらも軽声と表記してありますが、実際、“气氛”の“氛”はもとの第１声で読むこともあります。それに対して、“热闹”の“闹”は常に軽声です。

音読のポイント

开心极了　“极了”は「ものすごく～、最高に～」と程度が非常に高いことを表す程度補語です。この類の程度補語は大抵強めに読みます。

常用表現をマスターしよう！

▶ 因为不仅味道好，气氛也十分热闹。

“**不仅**”は「～だけでなく、～にとどまらない」という意味で、よく“**也**”や“**而且**”などとセットで使われます。“**不仅仅**”という形で使われることもあります。“**不但**”“**不光**”と言い換えられます。

例 这不仅是我个人的请求，也是大家的意愿。
Zhè bùjǐn shì wǒ gèrén de qǐngqiú, yě shì dàjiā de yìyuàn.
（これは私個人のお願いだけでなく、みんなの意向でもあります。）

例 他不仅打破了奥运会纪录，而且打破了世界纪录。
Tā bùjǐn dǎpòle Àoyùnhuì jìlù, érqiě dǎpòle shìjiè jìlù.
（彼はオリンピック大会だけでなく、世界記録をも破りました。）

▶ 大家一起边吃边聊，开心极了。

“**极了**”のように、形容詞や一部の動詞の後につけて、程度を強調する補語は程度補語と言います。“**极了**”のほかに、“**坏了** huàile（めちゃくちゃ～）”、“**死了** sǐle（死ぬほど～）”、“**多了** duōle（ずっと～）”などいろいろな形があります。程度補語は主に口語に使われます。

例 昨天没睡好，今天困极了。
Zuótiān méi shuìhǎo, jīntiān kùn jíle.
（昨日はよく眠れなかったので、今日はものすごく眠いです。）

例 你比我年轻多了。
Nǐ bǐ wǒ niánqīng duōle.（あなたは私よりずっと若いですよ。）

48

食事 8 ── 「中華街」について

CD1-48

为了迎合日本人的口味，/很多所谓的中国菜/
Wèile yínghé Rìběnrén de kǒuwèi,　hěn duō suǒwèi de zhōngguócài

其实做得并不正宗。/不过，/最近几年，/东京的池袋、/
qíshí zuòde bìng bú zhèngzōng. Búguò,　zuìjìn jǐ nián,　Dōngjīng de Chídài、

川口等华人聚居地/开了很多地道的中国菜餐厅，/
Chuānkǒu děng huárén jùjūdì　kāile hěn duō dìdao de zhōngguócài cāntīng,

这些地方/正在逐渐变成新的中华街。/(79字)
zhèixiē dìfang　zhèngzài zhújiàn biànchéng xīn de zhōnghuájiē.

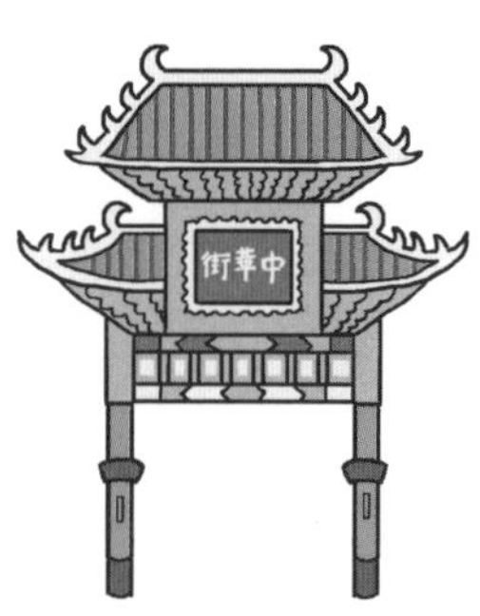

日本語訳

日本人の好みに合わせるため、多くのいわゆる「中華料理」は、実は本場の味ではありません。しかし最近数年、東京の池袋や川口など中華系の人が集まって住んでいる地域にはたくさんの本場の中華料理店がオープンしました。こういうところは少しずつ新しい中華街になってきています。

語句

- □ **迎合** yínghé 動 人の気に入るようにする
- □ **口味** kǒuwèi 名 （味の）好み
- □ **所谓** suǒwèi 形 いわゆる
- □ **中国菜** zhōngguócài 名 中国料理
- □ **华人** huárén 名 中華系の人
- □ **聚居地** jùjūdì 名 集団居住地
- □ **地道** dìdao 形 本場の
- □ **正在** zhèngzài 副 ちょうど～している
- □ **逐渐** zhújiàn 副 少しずつ
- □ **变成** biànchéng 動 …に変わる

音読アドバイス！

発音のポイント

聚居地 jùjū　子音j・q・xの後のuは全てüの発音なので間違えないように気をつけましょう。

餐厅 cāntīng　子音はいずれも有気音なので、息を多め強めに出すようにしましょう。鼻母音nとngの違いにも十分注意しましょう。

音読のポイント

新的中华街　"新书 xīn shū（新書）"や"新产品 xīn chǎnpǐn（新商品）"のように、単音節形容詞が名詞を修飾する際、"的"がなくても直接つなげられます。一方、"新的中华街"のように、"的"がわざわざ使われている時は、「古いものに対して新しいの」という語気が強調されます。その場合、単音節形容詞を強めに読むようにしましょう。

常用表現をマスターしよう！

▶很多所谓的中国菜其实做得并不正宗。

"所谓"は「いわゆる～、～とは」という意味の形容詞です。文脈によっては、名実相伴わないことを表す場合もあります。

例 所谓"月光族"，就是每月工资都花光的人。
Suǒwèi"yuèguāngzú", jiù shì měi yuè gōngzī dōu huāguāng de rén.
（「月光族」とは、毎月の給料が全部使い果たす人たちのことです。）

例 当选者早已确定，所谓的选举只不过是走形式罢了。
Dāngxuǎnzhě zǎoyǐ quèdìng, suǒwèi de xuǎnjǔ zhǐbuguò shì zǒu xíngshì bàle.
（当選者はとっくに内定されていて、いわゆる選挙はただ形式上のものに過ぎなかった。）

▶这些地方正在逐渐变成新的中华街。

"逐渐"は「次第に、だんだんと」という意味の副詞です。"渐渐"とも言います。いずれも後ろに"地"もしく"的"を伴うことができます。

例 人们的生活逐渐富裕起来了。
Rénmen de shēnghuó zhújiàn fùyùqǐlai le.
（人々の生活はだんだんと裕福になってきました。）

例 渐渐地，爱情变成了亲情。
Jiànjiàn de, àiqíng biànchéngle qīnqíng.
（男女の愛がだんだんと家族愛へ変わっていった。）

コラム③　軽声表記について

私も含めて、中国語のテキストや参考書などを作成する際、どの著者でも軽声の問題に悩まされるでしょう。それは、軽声になるのかどうかは、地域や個人差の影響が非常に大きく、基準を決めるのが非常に難しいからです。

大雑把に言うと、北方は軽声になりやすく、南方では軽声が少ないです。しかしメディアやインターネットの発達につれて、北方と南方が影響し合う結果、その境界線がますます曖昧になってきました。実際、アナウンサーのようなごく一部の「発音オタク」を除いて、ネイティヴ同士で会話をする際、軽声なのかどうかは誰も気にしていないと言ってもいいでしょう。ところが、辞書やテキストとなると、基準がないと困ります。

辞書といえば、中国で最も権威がある国語辞書は、商務印書館という出版社から出ている《**现代汉语词典**》(2019 年現在、最新版は第 7 版）というものです。その辞書に収録されている言葉のピンイン表記は、例えば以下のようなものが見られます。

黄瓜 huáng・guā（キュウリ）　　**茄子** qié・zi（ナス）

太阳 tài・yáng（太陽）　　**月亮** yuè・liang（月）

普段、あまり見慣れない中黒点はどういう意味を表すかについて、《**现代汉语词典**》の凡例にはこのように書いてあります。以下引用。

“**凡例** 3　**注音**

3.4　**条目中的轻声字，注音不加调号，注音前加圆点，如：【便当】**biàn・dang**、【桌子】**zhuō・zi 。

3.5　**一般轻读、间或重读的字，注音上标调号，注音前再加圆点，如【因为】注作** yīn・wèi **，表示“因为”的“为”字一般轻读，有时也可以读去声。**”

これはつまり、**【桌子】** zhuō・zi のような中黒点に声調なしのものは軽声、**【因为】** yīn・wèi のような中黒点に声調ありのものは、一般的に軽く読むが元の声調で読むこともある、ということです。

しかし、簡易的に表記するために、この中黒点方式は日本ではほとんど採用されておりません。この本も含め、多くの辞書やテキスト・参考書のピンイン表記は《**现代汉语词典**》の「中黒点に声調ありのものは、一般的に軽く読む」という原則に則って、軽声と表記しています（実際、元の声調で表記したり、両方混在したりするのが現状です）。

Part 4

健康やファッションなどについて言ってみよう!

49

健康 1 —— 自分の「身長・体重」について

CD1-49

我身高一米七，/体重七十二公斤。/和身高相比，/体重显得有些重。/而且，/由于我喜欢喝啤酒，/所以/肚子有点儿大。/家人经常劝我减肥，/但在美食和啤酒前，/我还是很难控制自己。/ (78字)

Wǒ shēngāo yì mǐ qī, tǐzhòng qīshi'èr gōngjīn. Hé shēngāo xiāng bǐ, tǐzhòng xiǎnde yǒuxiē zhòng. Érqiě, yóuyú wǒ xǐhuan hē píjiǔ, suǒyǐ dùzi yǒudiǎnr dà. Jiārén jīngcháng quàn wǒ jiǎnféi, dàn zài měi shí hé píjiǔ qián, wǒ háishi hěn nán kòngzhì zìjǐ.

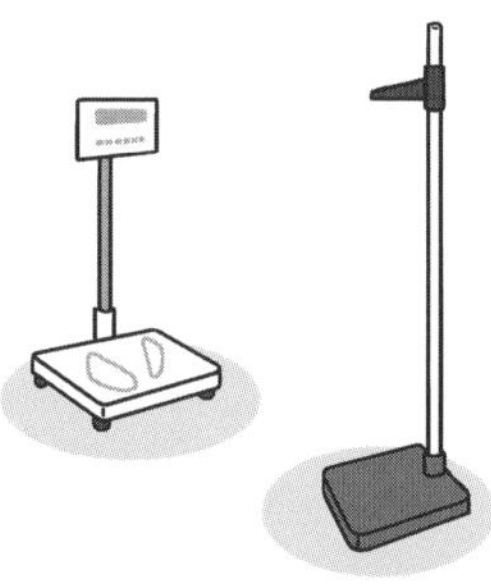

日本語訳

私の身長は170センチで、体重は72キロです。身長に比べ、体重が少し重いことが目立っています（身長のわりに、体重が少し重いです）。また、ビールが好きなので、お腹が出っ張っています。家族にはよくダイエットするようにと勧められますが、おいしいものとビールの前では、やはり自分をコントロールするのが難しいです。

語句

- □ **身高** shēngāo 名 身長
- □ **米** mǐ 量 メートル
- □ **公斤** gōngjīn 量 キログラム
- □ **显得** xiǎnde 動 …のように見える
- □ **由于** yóuyú 接続 …なので
- □ **劝** quàn 動 勧める
- □ **减肥** jiǎnféi 動 ダイエットする
- □ **美食** měishí 名 おいしい食べ物
- □ **控制** kòngzhì 動 コントロールする

音読アドバイス！

発音のポイント

劝我减肥 quàn jiǎn　それぞれの介音 u（= ü）と i が抜けないように注意しましょう。an が ang にならないよう、なるべく舌を前のほうに出すようにしましょう。

控制自己 zhì zìjǐ　母音部分は全部 i ですが、発音がそれぞれ違います。国際音声記号で表記すると、次のようになります。

zhi chi shi ri の i は / ʅ /　zi ci si の i は / ɿ /　そのほかの i はすべて / i /

音読のポイント

我身高一米七　"一米七"は"一米七零"の略した言い方で、1.7 メーターつまり 170 センチの言い方です。107 センチだったら、"一米零七"のように言います。数字の読み方については p.90 のコラムをご覧ください。

常用表現をマスターしよう！

▶ 和身高相比，体重显得有些重。

"显得"は「～のように見える、（ほかと比べて）～が目立つ」という意味を表します。

例 **过分谦虚反而显得虚伪。**
Guòfèn qiānxū fǎn'ér xiǎnde xūwèi.
（謙遜すぎるとかえって嘘っぽく見えます。）

例 **他只是显得有点儿老，其实还不到五十。**
Tā zhǐshì xiǎnde yǒudiǎnr lǎo, qíshí hái bú dào wǔshí.
（彼はただちょっと老けて見えるだけで、本当はまだ 50 歳にもなっていない。）

▶ 由于我喜欢喝啤酒，所以肚子有点儿大。

"由于"は「～なので、～だから」という意味で、単独でも使われるし、"所以"など呼応の言葉とセットで使われこともできます。

例 **由于持续高温，空调的销量大增。**
Yóuyú chíxù gāowēn, kōngtiáo de xiāoliàng dà zēng.
（連続の猛暑で、エアコンの販売台数が大幅に増加した。）

例 **由于公司不景气，他被迫提前退休了。**
Yóuyú gōngsī bù jǐngqì, tā bèipò tíqián tuìxiū le.
（会社が不景気のせいで、彼は早期退職せざるを得なかった。）

50

健康 2 ―― 自分の「健康診断」について

CD1-50

我很讨厌体检。/这并不是因为害怕采血，/而是害怕看体检结果。/每次要打开结果的信封时/我都很紧张，/就像平时不好好儿学习，/总是贪玩儿的学生/收到成绩通知书时的感觉一样。/（78 字）

Wǒ hěn tǎoyàn tǐjiǎn. Zhè bìng bú shì yīnwei hàipà cǎixiě, ér shì hàipà kàn tǐjiǎn jiéguǒ. Měi cì yào dǎkāi jiéguǒ de xìnfēng shí wǒ dōu hěn jǐnzhāng, jiù xiàng píngshí bù hǎohāor xuéxí, zǒngshì tānwánr de xuésheng shōudào chéngjì tōngzhīshū shí de gǎnjué yíyàng.

日本語訳

私は健康診断が大嫌いです。それは採血が怖いからではなく、健康診断の結果を見るのが怖いからです。結果が入っている封筒を開ける時、毎回とても緊張します。その気持ちは、普段きちんと勉強しないで、遊んでばかりいる学生が成績通知書を受け取る時と同じです。

語句

- □ **体检** tǐjiǎn 動 健康診断をする
- □ **害怕** hàipà 動 怖がる
- □ **打开** dǎkāi 動 開ける
- □ **信封** xìnfēng 名 封筒
- □ **好好儿** hǎohāor 副 きちんと、ちゃんと
- □ **总是** zǒngshì 副 いつも
- □ **贪玩儿** tānwánr 動 遊んでばかりいる
- □ **收到** shōudào 動 受け取る

音読アドバイス！

発音のポイント

好好儿 hǎohāor　「ちゃんと、きちんと」という意味の“好好”ですが、口語ではよくr化して、ふたつ目の“好”が第１声になります。

学生 xuésheng　単独で発音される場合は、一般的に“生”が軽声になります。“大学生 dàxuéshēng（大学生）”や“学生宿舍 xuéshēng sùshè（学生寮）”のように、他の言葉と組み合わせる場合、“生”は第１声になります。

音読のポイント

就像……一样　“就像……一样”は「まるで～ようだ」という意味のセットで、間に入る内容がよほど長いものでなければ１つのかたまりで読みます。今回は間にかなり長いものが入っているので、適宜に切れ目を入れて読んだほうが聞きやすいでしょう。

常用表現をマスターしよう！

▶ 就像平时不好好儿学习，总是贪玩儿的学生收到成绩通知书时的感觉一样。

「まるで～ようだ」という意味のセット“**就像～一样**”はよく比喩に使われます。“**就**”は省略できます。“**好像**”や“**就好像**”の形もあります。

例 **这几天他就像变了一个人一样。**
Zhè jǐ tiān tā jiù xiàng biànle yí ge rén yíyàng.
（ここ数日、彼はまるで別人のように変わった。）

例 **她对养的狗就像对自己的孩子一样。**
Tā duì yǎng de gǒu jiù xiàng duì zìjǐ de háizi yíyàng.
（彼女は飼っている犬をまるで自分の子どものように扱っている。）

▶ 总是贪玩儿的学生

“**总是**”は「いつも」という意味の副詞です。意味が似たような副詞に“**经常**”“**常常**”などがあり、言い換えられることもありますが、使い分けがあります。“**总是**”は「いつも変わりなく、いつまでもずっと」というニュアンスで、変化がないことを表します。“**经常**”“**常常**”は「しょっちゅう、よく」と頻度が高いことを表すことが多いです。

例 **我家总是很乱。**
Wǒ jiā zǒngshì hěn luàn.
（私の家はいつも散らかっています。）

例 **那个老师总是很严肃，学生们都怕他。**
Nèige lǎoshī zǒngshì hěn yánsù, xuéshengmen dōu pà tā.
（あの先生はいつも気難しい顔をしているので、学生たちはみんな怖がっています。）

51

健康 3 ── 「現代病」について

CD1-51

高血压、/高血压、/高血糖/会引起严重的疾病。/
Gāoxuèyā、gāoxuèzhī、gāoxuètáng huì yǐnqǐ yánzhòng de jíbìng.

专家说:/要想改善"三高",/必须"管住嘴,/迈开腿"。/
Zhuānjiā shuō: Yào xiǎng gǎishàn"sān gāo", bìxū "guǎnzhù zuǐ, màikāi tuǐ".

也就是说,/要注意饮食和运动。/道理我也懂,/可是
Yě jiùshì shuō, yào zhùyì yǐnshí hé yùndòng. Dàolǐ wǒ yě dǒng, kěshì

说起来容易,/做起来难啊。/ (79字)
shuōqǐlai róngyì, zuòqǐlai nán a.

日本語訳

高血圧・高脂血症・高血糖は深刻な病気を引き起こします。専門家は、「三高」を改善するには、「口をコントロールし、足を踏み出せ」が必要だと言います。つまり、食事と運動に気をつけなければいけないということです。理屈は私だって分かっていますが、「言うは易く行うは難し」ですよ。

語句

- □ **高血脂** gāoxuèzhī 名 高脂血症
- □ **引起** yǐnqǐ 動 引き起こす
- □ **专家** zhuānjiā 名 専門家
- □ **改善** gǎishàn 動 改善する
- □ **必须** bìxū 副 必ず…しなければならない
- □ **管住** guǎnzhù 動 しっかり管理する
- □ **嘴** zuǐ 名 口
- □ **迈开** màikāi 足を踏み出す
- □ **腿** tuǐ 名 足
- □ **啊** a 助 (注意を促したり念を押したりする) ~ですね、~ですよ

音読アドバイス！

発音のポイント

高血压、高血脂、高血糖 xuè　“血”には、xiě と xuè の２通りの発音があります。日常では厳密な使い分けをしていませんが、病名の時は一般的に xuè と発音します。

管住嘴，迈开腿 zuǐ　tuǐ　複合母音 ui の間に e の音が隠れていることに十分注意してください。

音読のポイント

做起来难啊　語気助詞“啊”は、直前の音節によって発音が変わることがあります。“做起来难啊”の場合、“难 nán”の最後が n なので、その影響を受けて“啊”は na のように発音されることがあります。

常用表現をマスターしよう！

▶ 道理我也懂，可是说起来容易，做起来难啊。

方向補語“**起来**”はもともと「起き上がる」という方向性を表しますが、抽象的な派生義もいくつかあります。p.89 では、「動作や状態が開始し継続することを表す」用法を紹介しました。この課に出てきた“**起来**”は、「～すると、～してみると」という意味を表し、試行のニュアンスを表す用法です。

例 这个名字听起来很耳熟。
Zhèige míngzi tīngqǐlai hěn ěrshú.
（この名前は聞き覚えがある。）

例 看起来有点儿辣，可吃起来并不太辣。
Kànqǐlai yǒudiǎnr là, kě chīqǐlai bìng bú tài là.
（見た目はちょっと辛そうだけど、食べてみるとそれほどでもない。）

▶ 也就是说，要注意饮食和运动。

“**也就是说**”は「言い換えれば、つまり」という意味を表します。“**就是说**”とも言います。

例 时间就是生命，也就是说，浪费时间等于浪费生命。
Shíjiān jiù shì shēngmìng, yě jiùshì shuō, làngfèi shíjiān děngyú làngfèi shēngmìng.
（時は命なり。言い換えれば、時間を無駄にするのは、命を無駄にするのに等しい。）

例 “过犹不及”就是说，做得过分跟做得不够一样，都是不好的。
“Guò yóu bù jí” jiùshì shuō, zuòde guòfèn gēn zuòde bú gòu yíyàng, dōu shì bù hǎo de.
（「過ぎたるはなお及ばざるがごとし」は、つまりやりすぎるのはやり足らないのと同じで両方ともよくないという意味です。）

52

健康 4 —— 「花粉症」について

CD1-52

据说，/大约四分之一的日本人/有花粉症，/大
Jùshuō, dàyuē sì fēn zhī yī de Rìběnrén yǒu huāfěnzhèng, dà

都市的患者更多。/花粉症也许不算严重的病，/但
dūshì de huànzhě gèng duō.Huāfěnzhèng yěxǔ bú suàn yánzhòng de bìng,dàn

对生活和工作的影响却不小。/在中国，/也许是杉
duì shēnghuó hé gōngzuò de yǐngxiǎng què bù xiǎo. Zài Zhōngguó, yěxǔ shì shān

树少的缘故，/得花粉症的人不太多。/（77字）
shù shǎo de yuángù, dé huāfěnzhèng de rén bú tài duō.

日本語訳

日本人の約4分の1が花粉症で、大都会の患者はもっと多いと言われています。花粉症は深刻な病気の部類には入らないかもしれませんが、生活や仕事への影響はとても大きいです。中国では、杉の木が少ないからか、花粉症の人はそれほど多くありません。

語句

- □ **花粉症** huāfěnzhèng 名 花粉症
- □ **患者** huànzhě 名 患者
- □ **算** suàn 動 …とみなす
- □ **杉树** shānshù 名 杉の木
- □ **缘故** yuángù 名 原因
- □ **得** dé 動（病気に）かかる

音読アドバイス！

発音のポイント

花粉症 huā　fěn　子音hとfの違いに十分注意してください。

也许是杉树少的缘故 shì　shān　shù　shǎo　そり舌音shが連続しています。舌の左右の両端がそり、真ん中の部分が凹み、舌全体がスプーンの形になっていることを確認しながら何度も練習してみてください。

音読のポイント

大约四分之一的日本人有花粉症　分数やパーセンテージは、複雑のものでも間を入れずに1つのかたまりで読みましょう。なお、"四"と"一"のような数字の部分は、特に明確に発音する必要があります。

常用表現をマスターしよう！

▶ 花粉症也许不算严重的病，但对生活和工作的影响却不小。

"算"はここでは「～の部類に入る、～のほうだ、～と言える」という意味を表します。

例 第一次做成这样就算不错了。
Dì yī cì zuòchéng zhèyàng jiù suàn búcuò le.
（初めてでこの出来はいいほうですよ。）

例 那个时候虽然不算富裕，但大家都过得很开心。
Nèige shíhou suīrán bú suàn fùyù, dàn dàjiā dōu guòde hěn kāixīn.
（あの時は裕福とは言えないが、みんな楽しく過ごしていました。）

▶ 在中国，也许是杉树少的缘故，得花粉症的人不太多。

"～（的）缘故"は「～が原因で」という意味で、"原因"と言い換えられます。

例 由于天气缘故飞机无法起飞。
Yóuyú tiānqì yuángù fēijī wúfǎ qǐfēi.
（天候の原因で飛行機は離陸できません。）

例 或许是遗传的缘故，他从小就特别喜欢音乐。
Huòxǔ shì yíchuán de yuángù, tā cóngxiǎo jiù tèbié xǐhuan yīnyuè.
（遺伝だからか、彼は小さい時から音楽が大好きだった。）

53

健康 5 ——「歯医者」について

CD1-53

据说，/日本的牙科医院比便利店还多，/这真
Jùshuō, Rìběn de yákē yīyuàn bǐ biànlìdiàn hái duō, zhè zhēn

令人吃惊。/不知为什么，/有虫牙的日本人/好像的
lìng rén chījīng. Bù zhī wèi shénme, yǒu chóngyá de Rìběnrén hǎoxiàng dí

确比中国人多。/另一方面，/和日本人相比，/中国
què bǐ Zhōngguórén duō. Lìng yì fāngmiàn, hé Rìběnrén xiāngbǐ, Zhōngguó

人对牙齿的健康管理意识/好像并不太高。/ (79字)
rén duì yáchǐ de jiànkāng guǎnlǐ yìshi hǎoxiàng bìng bú tài gāo.

日本語訳

日本の歯医者の数はコンビニよりも多いと言われています。これは本当に驚きですね。なぜか分かりませんが、虫歯がある日本人は確かに中国人よりも多いような気がします。一方、日本人に比べて、中国人は歯に対する健康管理意識があまり高くないように思います。

語句

- □ **牙科** yákē 名 歯科
- □ **医院** yīyuàn 名 病院
- □ **比** bǐ 介 …に比べて、…より
- □ **便利店** biànlìdiàn 名 コンビニエンスストア
- □ **令** lìng 動 …させる
- □ **虫牙** chóngyá 名 虫歯
- □ **牙齿** yáchǐ 名 歯
- □ **意识** yìshi 名 意識

音読アドバイス！

発音のポイント

令人吃惊 lìng rén 子音 l と r の違いに注意しましょう。l は日本語のラ行と同じ、舌先が上の歯茎の裏に当たりますが、r は当たりません。

健康管理 kāng guǎn 子音 k と g の違いに注意しましょう。k は有気音なので、息を多め強めに、g は無気音なので、息を漏れないようにしましょう。

音読のポイント

日本的牙科医院 比 便利店 还多　　A 比 B ～

"A 比 B ～"のような比較表現を読む時、A が長めのものなら後ろに軽めに 1 拍を入れることができますが、"比 B ～"の部分は間を空けずに、1 つのかたまりで読むようにしましょう。

常用表現をマスターしよう！

▶ 据说，日本的牙科医院比便利店还多，这真令人吃惊。

"令人～"は一種の使役表現で、「人に～させる」という意味を表します。「～」に入るのは大抵感情や心理などを表すことばです。

例 **演讲的内容令人深思。**
Yǎnjiǎng de nèiróng lìng rén shēnsī.
（講演の内容は深く考えさせる。）

例 **从事业到家庭，他各方面都很圆满，真令人羡慕。**
Cóng shìyè dào jiātíng, tā gè fāngmiàn dōu hěn yuánmǎn, zhēn lìng rén xiànmù.
（仕事から家庭まで、彼はすべての面において円満です、本当に羨ましい。）

▶ 不知为什么，有虫牙的日本人好像的确比中国人多。

"不知为什么"は「なぜかわからないが」という意味で、口語では**"不知道为什么"**、やや古風な言い方として**"不知为何"**の形で使われることもあります。

例 **不知为什么，他最近对我很冷淡。**
Bù zhī wèi shénme, tā zuìjìn duì wǒ hěn lěngdàn.
（なぜかわからないけど、彼は最近私にとても冷たい。）

例 **不知为什么，我有一种不太好的预感。**
Bù zhī wèi shénme, wǒ yǒu yì zhǒng bú tài hǎo de yùgǎn.
（なぜかわからないけど、なんかちょっと嫌な予感がする。）

54

健康 6 ―― 「病院」について

CD1-54

在日本，/除非是急病或重病，/人们生病时 /
Zài Rìběn, chúfēi shì jíbìng huò zhòngbìng, rénmen shēngbìng shí

一般去附近的私人医院。/而中国/大多是大型综合
yìbān qù fùjìn de sīrén yīyuàn. Ér Zhōngguó dàduō shì dàxíng zōnghé

医院，/好像很少有私人医院。/据说/因为人多，/挂号、/
yīyuàn, hǎoxiàng hěn shǎo yǒu sīrén yīyuàn. Jùshuō yīnwei rén duō, guàhào、

就诊、/拿药、/付费等/都要排很长时间队。/ (80字)
jiùzhěn、ná yào、fùfèi děng dōu yào pái hěn cháng shíjiān duì.

日本語訳

日本では、急病や重病でなければ、病気になったら大抵近くの個人病院にかかります。中国では大型の総合病院がほとんどで、個人病院はめったにないようです。聞くところによると、患者が多いため、受付・診察・薬をもらう・支払うなど、いずれも長い時間、列に並ばなければならないようです。

語句

- □ **除非** chúfēi 接続 …でない限り
- □ **生病** shēngbìng 動 病気になる
- □ **私人** sīrén 形 個人の
- □ **大型** dàxíng 形 大型の
- □ **综合医院** zōnghé yīyuàn 総合病院
- □ **挂号** guàhào 動 受付の手続きをする
- □ **就诊** jiùzhěn 動 診察を受ける
- □ **拿药** ná yào 薬をもらう
- □ **付费** fùfèi 動 支払う
- □ **排队** páiduì 動 列に並ぶ

音読アドバイス！

発音のポイント

就诊 jiùzhěn　子音 j と zh の違いに注意してください。なお、"就" の iu の間には o の音が隠れていることを忘れないように気をつけましょう。

付费 fùfèi　子音 f の発音に注意しましょう。英語の f の発音と同じ要領で、必ず上の歯が下の唇の内側に触れるようにしてください。"付" の u が日本語の「ウ」にならないように注意しましょう。

音読のポイント

排很长时间队　"排很长时间队" は離合動詞 "排队" の間に "很长时间" が入る形です。離合動詞の間には文法成分や修飾語などがどんどん挿入でき、大きなハンバーガーのようになることがありますが、読む時は間を空けずに一気に読んでください。

常用表現をマスターしよう！

▶ 在日本，除非是急病或重病，人们生病时一般去附近的私人医院。

"除非" は「～でないかぎり、～は別として」という意味の接続詞で、例外条件を示すのに使われます。よく「さもなければ」という意味の "否则" や "要不然" とセットで使われます。

例 除非有特殊理由，否则不能补考。
Chúfēi yǒu tèshū lǐyóu, fǒuzé bù néng bǔkǎo.
（特別な理由がない限り、追加試験はできません。）

例 除非你把真相告诉我，要不然我不会帮你。
Chúfēi nǐ bǎ zhēnxiàng gàosu wǒ, yàobùrán wǒ bú huì bāng nǐ.
（真相を教えてくれなければお手伝いはしません。）

▶ 而中国大多是大型综合医院，好像很少有私人医院。

"好像" は「まるで～のようだ」という比喩の用法もありますが、ここでは「どうも～のようだ、～のような気がする」という意味で使われています。

例 她好像挺喜欢你的。
Tā hǎoxiàng tǐng xǐhuan nǐ de.
（彼女はどうも君に気があるようだね。）

例 这个人很眼熟，好像在哪儿见过。
Zhèige rén hěn yǎnshú, hǎoxiàng zài nǎr jiànguo.
（この人は見覚えがあるなあ、どこかで会ったことがあるような気がする。）

55

健康 7 ── 「視力」について

CD1-55

现代人的生活/离不开电脑和智能手机,/然而,/
Xiàndàirén de shēnghuó líbukāi diànnǎo hé zhìnéng shǒujī, rán'ér,

这对视力/会造成不良影响。/专家说,/不要长时间
zhè duì shìlì huì zàochéng bùliáng yǐngxiǎng.Zhuānjiā shuō, búyào cháng shíjiān

盯着画面,/应该最少隔一个小时/休息一下眼睛。/看
dīngzhe huàmiàn, yīnggāi zuìshǎo gé yí ge xiǎoshí xiūxi yíxià yǎnjing. Kàn

看远处的风景/可以有效地保护视力。/ (79字)
kan yuǎnchù de fēngjǐng kěyǐ yǒuxiào de bǎohù shìlì.

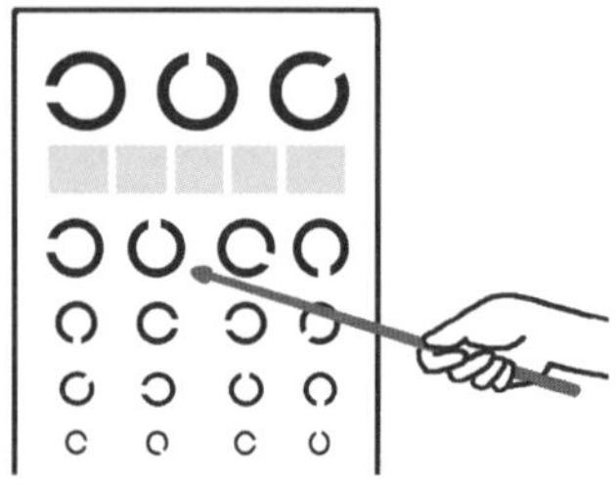

日本語訳

現代人の生活にパソコンとスマートフォンは欠くことができないのですが、視力に悪い影響を及ぼします。専門家によると、長時間ずっと画面を見つめないで、少なくとも1時間おきにちょっと目を休めるべきで、遠いところの景色を見るのが視力を守るのに有効です。

語句

- ☐ **离不开** líbukāi　離れられない
- ☐ **电脑** diànnǎo 名 パソコン
- ☐ **智能手机** zhìnéng shǒujī　スマートフォン
- ☐ **然而** rán'ér 接続 けれども
- ☐ **盯** dīng 動 見つめる
- ☐ **最少** zuìshǎo 副 少なくとも
- ☐ **隔** gé 動 (時間・距離を)置く
- ☐ **眼睛** yǎnjing 名 目
- ☐ **远处** yuǎnchù 名 遠い所
- ☐ **有效** yǒuxiào 動 有効である
- ☐ **保护** bǎohù 動 保護する、守る

音読アドバイス！

発音のポイント

生活 huó　手机 shǒu　それぞれの母音の部分に注意してください。複母音 uo と ou を発音する時、口の開き具合の変化に気をつけましょう。

视力 shìlì　母音部分はいずれも i と表記しますが、実際の発音が違うことに注意してください。

音読のポイント

应该最少隔一个小时休息一下眼睛　"一个小时"の"一"は具体的な数字なので、明確に発音します。一方、"一下"はここでは「ちょっと、少し」というニュアンスで、この"一"は前の音節を受けて、自然に流れていく感じで弱めに発音したほうが自然です。このように、ピンイン上では発音が同じでも表す意味の違いによって音の強弱などが微妙に変化することがあります。

常用表現をマスターしよう！

现代人的生活离不开电脑和智能手机

"离不开"は可能補語の形で「離れられない、なくてはならない」という意味を表します。

例 植物的生长离不开光和水。
Zhíwù de shēngzhǎng líbukāi guāng hé shuǐ.
（植物の成長に水と光は欠くことができない。）

例 这个项目的成功离不开大家的支持。
Zhèige xiàngmù de chénggōng líbukāi dàjiā de zhīchí.
（このプロジェクトの成功はみなさんのご協力と切り離せないものです。）

应该最少隔一个小时休息一下眼睛

"隔"は「時間や距離の間を置く、あける」という意味で、「～おきに、～ごとに」という動作・行為の頻度や間隔について述べることができます。

例 请隔一行写。
Qǐng gé yì háng xiě.
（一行おきに書いてください。）

例 快车每隔十分钟来一趟。
Kuàichē měi gé shí fēnzhōng lái yí tàng.
（急行列車は 10 分ごとに来ます。）

56

健康 8 —— 自分の「運動」について

CD1-56

你平时做什么运动呢？/我喜欢一边听音乐/一
Nǐ píngshí zuò shénme yùndòng ne? Wǒ xǐhuan yìbiān tīng yīnyuè yì

边跑步。/虽然跑的时候累得很，/但出一身汗的感
biān pǎobù. Suīrán pǎo de shíhou lèide hěn, dàn chū yì shēn hàn de gǎn

觉/舒服极了。/跑完以后/不但觉得身体很轻松，/心情
jué shūfu jíle. Pǎowán yǐhòu búdàn juéde shēntǐ hěn qīngsōng, xīnqíng

也非常舒畅。/你也不妨试试看。/ (76字)
yě fēicháng shūchàng. Nǐ yě bùfáng shìshi kàn.

日本語訳

あなたはいつもどんな運動をしていますか。私は音楽を聴きながらジョギングをするのが好きです。走る時はすごく疲れますが、全身汗をかいている感覚がたまらなく気持ちがいいです。走った後、体が軽くなるだけでなく、気分も非常に爽快です。あなたもよければ試してみてください。

語句

- □ **跑步** pǎobù 動 ジョギングする
- □ **得很** de hěn すごく…、非常に…
- □ **出汗** chūhàn 動 汗が出る
- □ **舒服** shūfu 形 気持ちがよい
- □ **心情** xīnqíng 名 気分
- □ **舒畅** shūchàng 形 気持ちよくて爽快である
- □ **不妨** bùfáng 副 …してみたら
- □ **试试看** shìshi kàn 試してみる

音読アドバイス！

発音のポイント

舒服 shūfu　子音 sh と f はいずれも間違いやすいので、注意しましょう。母音 u は日本語の「ウ」にならないように気をつけましょう。

心情 xīnqíng　前鼻音 in と後鼻音 ing の違いに注意しましょう。in は、舌と上顎の隙間をなるべく狭くしてください。逆に ing は、舌と上顎の隙間をなるべく広くして、音を鼻に響かせてください。

音読のポイント

累得很　很轻松　"累得很" は程度補語の形で、"累" の程度を強調しています。その場合の "很" は強めに発音します。一方、形容詞の前の "很" はダミーである場合が多いので、普通はあまり強く発音しません。

常用表現をマスターしよう！

▶ 虽然跑的时候累得很，但出一身汗的感觉舒服极了。

"～得很" は程度補語の形で、形容詞や一部の動詞の後につけて、「すごく～、非常に～」と程度が高いことを強調します。"很～" の形より程度が高いです。

例 我最近忙得很，哪里有时间看电影？
Wǒ zuìjìn mángde hěn, nǎli yǒu shíjiān kàn diànyǐng?
（最近はすごく忙しくて、映画を見る時間なんてありゃしないよ。）

例 这次台风强得很，把好多电线杆都刮倒了。
Zhèi cì táifēng qiángde hěn, bǎ hǎo duō diànxiàngān dōu guādǎo le.
（今回の台風は非常に強く、電柱がたくさん吹き倒された。）

▶ 你也不妨试试看。

"不妨" は直訳すると「～して差し支えない」という意味ですが、よく「よければ～したらどうですか」と提案やアドバイスをする時に用いられます。

例 你不妨把自己的心意向她表达出来。
Nǐ bùfáng bǎ zìjǐ de xīnyì xiàng tā biǎodáchūlai.
（自分の気持ちを彼女に打ち明ければ？）

例 难以前进的时候不妨退一步，也许会出现更好的路。
Nányǐ qiánjìn de shíhou bùfáng tuì yí bù, yěxǔ huì chūxiàn gèng hǎo de lù.
（なかなか進められない時は一歩引いたらどうですか。もっといい道が現れるかもしれませんよ。）

57

服装 1 ——「チャイナドレス」について

CD1-57

要说中国服装，/很多人都会想到旗袍。/但据
Yào shuō Zhōngguó fúzhuāng, hěn duō rén dōu huì xiǎngdào qípáo. Dàn jù

说，/旗袍本来是清朝满族人的服装。/“旗”/指的是
shuō, qípáo běnlái shì qīngcháo Mǎnzúrén de fúzhuāng. “Qí” zhǐ de shì

“旗人”，/即满族人。/不过，/无论起源如何，/旗袍/已经
“Qírén”, jí Mǎnzúrén. Búguò, wúlùn qǐyuán rúhé, qípáo yǐjīng

成为中国具有代表性的传统服装。/ (80字)
chéngwéi Zhōngguó jùyǒu dàibiǎoxìng de chuántǒng fúzhuāng.

日本語訳

中国の服装と言えば、多くの人はチャイナドレスを思い出すでしょう。しかし、チャイナドレス（“旗袍”）はもともと清王朝の満州族の人の服装だと言われています。“旗”とは“旗人”つまり満族の人のことです。でも、起源はどうであろうと、チャイナドレスはもう中国の代表的な伝統服装となっています。

語句

- □ **要说** yào shuō …といえば
- □ **旗袍** qípáo 名 チャイナドレス
- □ **本来** běnlái 副 もともと
- □ **清朝** qīngcháo 名 清王朝
- □ **满族** Mǎnzú 名 満州族
- □ **旗人** Qírén 名 満州族の人
- □ **如何** rúhé 代 どのように、どうであるか
- □ **成为** chéngwéi 動 …になる
- □ **具有** jùyǒu 動 備える
- □ **代表性** dàibiǎoxìng 代表的

音読アドバイス！

発音のポイント

旗袍 qípáo　「チーパオ」のように発音すると、ネイティヴの耳では jibao のように聞こえてしまいます。q も p も有気音なので、息を多め強めに出すようにしましょう。

清朝 qīngcháo　q と ch の発音が混同しやすいので注意しましょう。ch はそり舌音なので舌の真ん中を凹ませ、周りの部分は上顎にそってスプーンのような形になります。

音読のポイント

"旗" / 指的是 "旗人", / 即满族人。「～とは、…のことです」と、何かを説明する時、「～とは、」のところに 1 拍置きますね。中国語で何かを説明する時も、説明する言葉の後に 1 拍置きます。また、説明に出てくるキーワード（上の例の下線部）の部分は明確に強めに読むと伝わりやすくなります。

常用表現をマスターしよう！

▶ "旗" 指的是 "旗人", 即满族人。

"即" は「すなわち、つまり」という意味で、説明する際、ほかのことばで言い換える時に使われます。多く書きことばに用いられ、文が短い場合は「,」を付けません。

例 燕京即现在的北京。
Yānjīng jí xiànzài de Běijīng.
（燕京とはすなわち今の北京です。）

例 昭和 39 年，即 1964 年，第 18 届奥运会在东京举行。
Zhāohé sānshijiǔ nián, jí yījiǔliùsì nián, dì shíbā jiè Àoyùnhuì zài Dōngjīng jǔxíng.
（昭和 39 年つまり 1964 年、第 18 回のオリンピックが東京で開催されました。）

▶ 无论起源如何

"如何" は「どうであるか、いかに」という意味で、書きことばに用いられることが多いです。話しことばではよく "怎样" や "怎么" と言います。なお、"无论如何" の形で、「どうしても、何が何でも」という意味で話しことばでもよく使われます。

例 无论如何也要赢这场比赛。
Wúlùn rúhé yě yào yíng zhèi chǎng bǐsài.
（何としてもこの試合に勝たなければなりません。）

例 失败不要紧，重要的是如何从失败中吸取教训。
Shībài bú yàojǐn, zhòngyào de shì rúhé cóng shībài zhōng xīqǔ jiàoxùn.
（失敗するのは構わないが、大事なのはいかに失敗から教訓を得ることだ。）

58

服装 2 ──「着物」について

CD1-58

和服优雅美丽，/不仅是日本人，/也受到很多外国人的青睐。/听说/很多外国游客/希望体验穿和服。/穿和服很费时间，/行动也不太方便，/但也许/正因为如此，/和服才显得更有魅力吧。/ (78 字)

Héfú yōuyǎ měilì, bùjǐn shì Rìběnrén, yě shòudào hěn duō wàiguórén de qīnglài. Tīngshuō hěn duō wàiguó yóukè xīwàng tǐyàn chuān héfú. Chuān héfú hěn fèi shíjiān, xíngdòng yě bú tài fāngbiàn, dàn yěxǔ zhèng yīn wei rúcǐ, héfú cái xiǎnde gèng yǒu mèilì ba.

日本語訳

着物は優雅で美しい。日本人だけでなく、多くの外国人にも好かれています。着物を着てみたい外国人観光客がたくさんいるそうです。着物は着るのに時間がかかるし、ちょっと動きづらいのですが、だからこそ、より魅力的に感じられるのかもしれません。

語句

- □ **优雅** yōuyǎ 形 優雅である
- □ **美丽** měilì 形 美しい
- □ **受到** shòudào 動 受ける
- □ **青睐** qīnglài 動 好む、気に入る
- □ **穿** chuān 動 着る
- □ **费** fèi 動 使う
- □ **行动** xíngdòng 動 動き回る
- □ **如此** rúcǐ 代 このようである
- □ **才** cái 副 …してこそ

音読アドバイス！

発音のポイント

和服 héfú　子音 h と f は混同しないように気をつけましょう。それぞれの母音 e と u も間違いやすいので要注意です。

但也许正因为如此，和服才显得更有魅力吧。　第3声は基本的に上げずに低いままです。句読点の前の第3声（例えば“此”）は、少し上げることがありますが、あえて上げようとしなくてもいいです。

音読のポイント

穿和服很费时间，行动也不太方便，但也许正因为如此，和服才显得更有魅力吧。

下線部のような副詞は、軽く読むか強めに読むかについて大まかな傾向があります。例外もありますが、“也”・“才”は基本的に軽く、“正”・“更”はやや強めに読みます。

常用表現をマスターしよう！

▶ 不仅是日本人，也受到很多外国人的青睐。

“青睐”は「好む、気に入る」という意味で、よく“受（到）～的青睐”、“得（到）～的青睐”のように使われます。

例 这名歌手特别受中老年观众的青睐。
Zhèi míng gēshǒu tèbié shòu zhōnglǎonián guānzhòng de qīnglài.
（この歌手は特に中高年の視聴者に好かれています。）

例 最近，珍珠奶茶很受日本年轻人的青睐。
Zuìjìn, zhēnzhū nǎichá hěn shòu Rìběn niánqīngrén de qīnglài.
（最近、タピオカミルクティーが日本人の若者の間にとても人気です。）

▶ 但也许正因为如此，和服才显得更有魅力吧。

“正因为如此”は「だからこそ」という意味で、会話ではよく“正因为这样”と言います。“如此”のかわりに具体的な原因・理由を入れて使うこともできます。

例 正因为我爱她，所以才决定离开她。
Zhèng yīnwei wǒ ài tā, suǒyǐ cái juédìng líkāi tā.
（彼女のことを愛しているからこそ別れることにした。）

例 战争只能带来不幸，正因为如此，我们必须要维护和平宪法。
Zhànzhēng zhǐ néng dàilai búxìng, zhèng yīnwei rúcǐ, wǒmen bìxū yào wéihù hépíng xiànfǎ.（戦争は不幸しかもたらしてくれません。だからこそ、私たちは必ず平和憲法を守らなければなりません。）

59

服装 3 ——「浴衣」について

顾名思义，/“浴衣”/原本是指入浴后穿的薄布
Gù míng sī yì, “yùyī” yuánběn shì zhǐ rùyù hòu chuān de báo bù

长衣。/日本在夏季举行烟火大会/或节日活动的时候，/
chángyī. Rìběn zài xiàjì jǔxíng yānhuǒ dàhuì huò jiérì huódòng de shíhou,

人们常常穿着浴衣去参加。/可以说，/浴衣/是日本
rénmen chángcháng chuānzhe yùyī qù cānjiā. Kěyǐ shuō, yùyī shì Rìběn

夏季的一道清新亮丽的风景。/ (77字)
xiàjì de yí dào qīngxīn liànglì de fēngjǐng.

日本語訳

文字どおりに、「浴衣」はもともと入浴後に着る薄い生地の着物を指します。日本では、夏の花火大会やお祭りの時、浴衣を着て参加する人がよくいます。浴衣は日本の夏のさわやかで美しい風景の１つと言えます。

語句

- □ **顾名思义** gù míng sī yì　文字通り
- □ **原本** yuánběn 副 もともと
- □ **薄** báo 形 薄い
- □ **烟火** yānhuǒ 名 花火
- □ **节日** jiérì 名 祝日
- □ **道** dào 量（景色などを数える）
- □ **清新** qīngxīn 形 さわやかで新鮮である
- □ **亮丽** liànglì 形 明るくて美しい

音読アドバイス！

発音のポイント

浴衣 yùyī　2文字とも子音がないので、ピンインの表記ではyを付けていますが、もともと単母音üとiの発音ですね。消える「‥」には特に注意してください。

"浴衣"原本是指入浴后穿的薄布长衣。 そり舌音がたくさん出てきていますね。舌がスプーンの形になっていることを意識して何度も練習してください。

音読のポイント

浴衣是日本夏季的／一道清新亮丽的风景。連体修飾語の部分はつなげて読むのが原則ですが、下線部のような連体修飾語が長い場合、"的"の後に切れ目を入れることがあります。ただし最後の"的"は被修飾語と切り離すことはできません。

常用表現をマスターしよう！

▶顾名思义，"浴衣"原本是指入浴后穿的薄布长衣。

"**顾名思义**"は「名の示すとおり、文字どおり」という意味の四字成語です。

例 顾名思义，"脸书"就是 Facebook。
Gù míng sī yì,"liǎnshū"jiù shì Facebook.
（名の示すとおり、「脸书」はつまり Facebook のことです。）

例 "掰"这个字顾名思义，就是用两手分开的意思。
"Bāi"zhèige zì gù míng sī yì, jiù shì yòng liǎngshǒu fēnkāi de yìsi.
（「掰」は文字どおりで、両手で分ける（割る）という意味です。）

▶可以说，浴衣是日本夏季的一道清新亮丽的风景。

"**可以说**"は「～と言える、～と言ってよい」という意味。

例 可以说，她没有不迟到的时候。
Kěyǐ shuō, tā méiyou bù chídào de shíhou.
（彼女は必ずと言っていいほどしょっちゅう遅刻します。）

例 这个电视节目很有人气，可以说家喻户晓。
Zhèige diànshì jiémù hěn yǒu rénqì, kěyǐ shuō jiā yù hù xiǎo.
（このテレビ番組はとても人気で、知らない人はいないと言っていいでしょう。）

60

服装 4 —— 「TPO」(時・場所・場合) について

CD1-60

日本人很注重着装。/婚礼和开学典礼等重要
Rìběnrén hěn zhùzhòng zhuózhuāng. Hūnlǐ hé kāixué diǎnlǐ děng zhòngyào

仪式/自然不用说，/去公司上班/或参加宴会时 /一
yíshì zìrán búyòng shuō, qù gōngsī shàngbān huò cānjiā yànhuì shí yì

般都会穿着得体的衣服。/相比之下，/中国人在这
bān dōu huì chuānzhuó détǐ de yīfu. Xiāng bǐ zhī xià, Zhōngguórén zài zhèi

方面/则比较随便，/注重个性的人较多。/ (79字)
fāngmiàn zé bǐjiào suíbiàn, zhùzhòng gèxìng de rén jiào duō.

日本語訳

日本人はとても身なりを重視します。結婚式と入学式などの重要な儀式はもちろん言うまでもなく、出勤したり宴会に出たりする時も場に相応しい衣服を着るのが一般的です。一方、中国人はこういう面においては比較的適当で、個性を重視する人がわりと多いようです。

語句

- □ **着装** zhuózhuāng 名 身なり
- □ **婚礼** hūnlǐ 名 結婚式
- □ **开学典礼** kāixué diǎnlǐ 始業式、入学式
- □ **仪式** yíshì 名 儀式
- □ **不用说** búyòng shuō 言うまでもない
- □ **得体** détǐ 形 適切である
- □ **则** zé 接続 (他と比較して) ～は
- □ **随便** suíbiàn 形 自由である
- □ **个性** gèxìng 名 個性
- □ **较** jiào 副 比較的

音読アドバイス！

発音のポイント

着装　穿着 zhuó　"着"は多音字で、「～ている」と状態の持続を表す助詞の場合は zhe、「着る、着用する」という意味の場合は zhuó と発音します。

婚礼 hūn　複合母音 uen に子音が付く場合、間の e の音が若干弱くなるため、ピンインの表記では脱落します。しかし音は完全に消える訳ではないので注意が必要です。

音読のポイント

婚礼 / 和开学典礼等重要仪式　　去公司上班 / 或参加宴会时
"A 和 B"や"A 或 B"のような文を読む時、A の後に軽く間を入れて、"和 B"・"或 B"は 1 つのかたまりにして読んだほうが自然です（ただし文があまり長くなければわざわざ間を入れなくていいです）。

常用表現をマスターしよう！

▶ 婚礼和开学典礼等重要仪式自然不用说

"不用说"は「言うまでもない、～はもちろん」という意味です。

例 不用说孩子，大人也会害怕。
Búyòng shuō háizi, dàrén yě huì hàipà.
（子どもはもちろん、大人でも怖いよ。）

例 和牛的肉质嫩自然不用说，鲜香的味道更令人难忘。
Héniú de ròuzhì nèn zìrán búyòng shuō, xiānxiāng de wèidao gèng lìng rén nánwàng.
（和牛の肉質が柔らかいことは言うまでもないが、旨味があって香ばしい味のほうがもっとインパクトが強い。）

▶ 相比之下，中国人在这方面则比较随便，注重个性的人较多。

"相比之下"は「それに比べて、それに引き換え」という意味です。"和～相比（～と比べて）"の形で言うこともできます（「～」の部分には比較の対象を入れます）。

例 很多国家的自来水不能直接饮用，相比之下，日本方便多了。
Hěn duō guójiā de zìláishuǐ bù néng zhíjiē yǐnyòng, xiāng bǐ zhī xià, Rìběn fāngbiàn duōle.
（多くの国の水道水は直接飲用できない、それに比べて、日本はとても便利だ。）

例 有的地方最高气温超过了 40 度，相比之下，30 多度不算太热。
Yǒude dìfang zuì gāo qìwēn chāoguòle sìshí dù, xiāng bǐ zhī xià, sānshí duō dù bú suàn tài rè.
（ある場所では最高気温は 40 度で、それに比べたら 30 何度なんて暑いうちに入らない。）

1～60課の本文中で、下線を引いた部分のチャンク（意味のかたまり）フレーズです。日本語➡中国語のトレーニングをしてみましょう。

課	日本語		中国語
			CD2-01
1	□ みなさんこんにちは	➡	大家好 dàjiā hǎo
	□ 少し自己紹介をする	➡	自我介绍一下 zìwǒ jièshào yíxià
	□ 私の名字は鈴木です	➡	我姓铃木 wǒ xìng Língmù
	□ 鈴木誠司といいます	➡	叫铃木诚司 jiào Língmù Chéngsī
	□ 埼玉県に生まれる	➡	出生在埼玉县 chūshēngzài Qíyù Xiàn
	□ 一つの貿易会社	➡	一家贸易公司 yì jiā màoyì gōngsī
			CD2-02
2	□ うちの会社	➡	我们公司 wǒmen gōngsī
	□ ますます多くなる	➡	越来越多 yuè lái yuè duō
	□ 2年前から	➡	从两年前 cóng liǎng nián qián
	□ 中国語を習う	➡	学习汉语 xuéxí Hànyǔ
	□ 中国語を習い始める	➡	开始学习汉语 kāishǐ xuéxí Hànyǔ
	□ 中国語は難しい	➡	汉语很难 Hànyǔ hěn nán

	□ とても面白い	➡	很有意思 hěn yǒu yìsi
	□ 話すのがまだ下手だ	➡	说得还不好 shuōde hái bù hǎo
	□ 頑張って勉強する	➡	努力学习 nǔlì xuéxí
	□ 頑張って勉強し続ける	➡	继续努力学习 jìxù nǔlì xuéxí
	□ どうぞ皆さんよろしくお願いします	➡	请大家多多指教 qǐng dàjiā duōduō zhǐjiào
	□ 皆さんありがとう	➡	谢谢大家 xièxie dàjiā

CD2-03

3	□ 1978 年に生まれた	➡	是 1978 年出生的 shì yī jiǔ qī bā nián chūshēng de
	□ 今年で 41 歳	➡	今年 41 岁 jīnnián sìshiyī suì
	□ 私の誕生日	➡	我的生日 wǒ de shēngrì
	□ ネット上のバレンタインデー	➡	网络情人节 wǎngluò Qíngrén Jié
	□ 比較的似ている	➡	比较像 bǐjiào xiàng
	□ 何月何日	➡	几月几号 jǐ yuè jǐ hào

CD2-04

4	□ 私の家は 5 人家族です	➡	我家有五口人 wǒ jiā yǒu wǔ kǒu rén
	□ 娘 2 人	➡	两个女儿 liǎng ge nǚ'ér
	□ 息子 1 人	➡	一个儿子 yí ge érzi

	□ 私の配偶者は働いていません	➡	我爱人不工作 wǒ àiren bù gōngzuò
	□ 子供たちの世話をする	➡	照顾孩子们 zhàogù háizimen
	□ 家事をする	➡	做家务 zuò jiāwù
	□ 家にいる時	➡	在家的时候 zài jiā de shíhou
	□ なるべく彼女を助ける	➡	尽量帮她 jǐnliàng bāng tā
	□ 家事を少し分担する	➡	分担一些家务 fēndān yìxiē jiāwù

CD2-05

5	□ 犬を飼う	➡	养狗 yǎng gǒu
	□ 犬1匹	➡	一只狗 yì zhī gǒu
	□ それは「チョコレート」といいます	➡	它叫“巧克力” tā jiào“qiǎokèlì”
	□ 1匹の柴犬	➡	一只柴犬 yì zhī cháiquǎn
	□ 家に帰る	➡	回家 huí jiā
	□ 走ってきて出迎えてくれる	➡	跑过来迎接我 pǎoguòlai yíngjiē wǒ
	□ 散歩に連れていく	➡	带它去散步 dài tā qù sànbù
	□ ちょっと面倒だ	➡	有点儿麻烦 yǒudiǎnr máfan

CD2-06

6	□ 6時に起きる	➡	六点起床 liù diǎn qǐchuáng

	□ ひげをそる	➡	刮胡子 guā húzi
	□ 朝ご飯を食べる	➡	吃早饭 chī zǎofàn
	□ トーストを食べる	➡	吃烤面包 chī kǎo miànbāo
	□ コーヒーを飲む	➡	喝咖啡 hē kāfēi
	□ ニュース番組を見る	➡	看新闻节目 kàn xīnwén jiémù
	□ 7時に家を出る	➡	七点出门 qī diǎn chūmén
	□ 電車に乗って出勤する	➡	坐电车去上班 zuò diànchē qù shàngbān
	□ 8時半くらいに会社に着く	➡	八点半左右到公司 bā diǎn bàn zuǒyòu dào gōngsī

CD2-07

7	□ 休憩時間	➡	休息时间 xiūxi shíjiān
	□ 会社の近くで	➡	在公司附近 zài gōngsī fùjìn
	□ ラーメンや牛丼などを食べる	➡	吃拉面或牛肉饭什么的 chī lāmiàn huò niúròufàn shénmede
	□ 食事の後	➡	吃完午饭后 chīwán wǔfàn hòu
	□ 喫茶店に行って1杯のコーヒーを飲む	➡	去咖啡厅喝一杯咖啡 qù kāfēitīng hē yì bēi kāfēi
	□ 会社に戻って仕事を続ける	➡	回公司继续工作 huí gōngsī jìxù gōngzuò
	□ 会社は5時に終わる	➡	公司五点下班 gōngsī wǔ diǎn xiàbān
	□ 定時に帰宅する	➡	按时回家 ànshí huí jiā

CD2-08

8	□ 7時過ぎに家に着く	➡	七点多到家 qī diǎn duō dào jiā
	□ 晩ご飯を作りあげる	➡	做好晚饭 zuòhǎo wǎnfàn
	□ 家族と一緒に晩ご飯を食べる	➡	和家人一起吃晚饭 hé jiārén yìqǐ chī wǎnfàn
	□ 最も楽しい時間	➡	最开心的时间 zuì kāixīn de shíjiān
	□ テーブルの片付けをする	➡	收拾饭桌 shōushi fànzhuō
	□ 皿洗いをする	➡	洗盘子 xǐ pánzi
	□ 片付け終えた	➡	收拾完了 shōushiwán le
	□ しばらくテレビを見る	➡	看一会儿电视 kàn yíhuìr diànshì

CD2-09

9	□ 週末には	➡	周末的时候 zhōumò de shíhou
	□ あまり外に出たくない	➡	不太愿意出去 bú tài yuànyì chūqu
	□ 家で休む	➡	在家里休息 zài jiā li xiūxi
	□ 時には	➡	有时候 yǒu shíhou
	□ いっしょに出かけて買い物をする	➡	一起出去买东西 yìqǐ chūqu mǎi dōngxi
	□ 映画を見る	➡	看电影 kàn diànyǐng
	□ よく外で食事をします	➡	去外面吃饭 qù wàimiàn chī fàn

□ 家族全員で一緒に過ごす ➡ 全家人一起度过
quán jiā rén yìqǐ dùguò

□ 気楽で楽しい時間 ➡ 轻松愉快的时间
qīngsōng yúkuài de shíjiān

CD2-10

10 □ 我が家では ➡ 在我家
zài wǒ jiā

□ 皆で分担する ➡ 由大家分担
yóu dàjiā fēndān

□ 部屋を掃除する ➡ 打扫房间
dǎsǎo fángjiān

□ 主に妻がやる ➡ 主要由妻子来做
zhǔyào yóu qīzi lái zuò

□ 洗濯物を干す ➡ 晾衣服
liàng yīfu

□ スーパーに買い物に行く ➡ 去超市买东西
qù chāoshì mǎi dōngxi

□ お風呂を掃除する ➡ 打扫浴室
dǎsǎo yùshì

□ お風呂の掃除を担当する ➡ 负责打扫浴室
fùzé dǎsǎo yùshì

□ 夕食後 ➡ 晚饭后
wǎnfàn hòu

□ テーブルと食器を片付ける ➡ 收拾饭桌和餐具
shōushi fànzhuō hé cānjù

□ 私と娘の仕事 ➡ 我和女儿的工作
wǒ hé nǚ'ér de gōngzuò

CD2-11

11 □ 四季がはっきりしている ➡ 四季分明
sìjì fēnmíng

□ それぞれの特徴がある ➡ 有各自的特点
yǒu gèzì de tèdiǎn

	Japanese	Chinese
	□ それぞれ違っている	➡ 各不相同 gè bù xiāngtóng
	□ 秋が一番好き	➡ 最喜欢秋天 zuì xǐhuan qiūtiān
	□ 寒くもなく暑くもない	➡ 不冷不热 bù lěng bú rè
	□ 秋の紅葉	➡ 秋天的红叶 qiūtiān de hóngyè
	□ おいしい食べ物	➡ 好吃的东西 hǎochī de dōngxi
	□ どの季節が一番好き？	➡ 最喜欢哪个季节 zuì xǐhuan něi ge jìjié

CD2-12

	Japanese	Chinese
12	□ ゴールデンウィークと夏休みの時	➡ 黄金周和暑假时 Huángjīnzhōu hé shǔjià shí
	□ 家族と旅行する	➡ 和家人去旅游 hé jiārén qù lǚyóu
	□ 観光シーズン	➡ 旅游旺季 lǚyóu wàngjì
	□ たとえどこへ行っても	➡ 无论去哪儿 wúlùn qù nǎr
	□ 仕方がない	➡ 没办法 méi bànfǎ
	□ 普段は仕事をしなければならない	➡ 平时要上班 píngshí yào shàngbān
	□ この時期に行くしかない	➡ 只好这个时候去 zhǐhǎo zhèige shíhou qù
	□ 有給休暇を取る	➡ 请带薪假 qǐng dàixīnjià
	□ ハワイ旅行に行く	➡ 去夏威夷旅游 qù Xiàwēiyí lǚyóu

CD2-13

13
□ 東京の郊外にある ➡ 在东京的郊外
zài Dōngjīng de jiāowài

□ 周りの環境 ➡ 周围的环境
zhōuwéi de huánjìng

□ 駅からわりと遠い ➡ 离车站比较远
lí chēzhàn bǐjiào yuǎn

□ 家もちょっと狭い ➡ 房子也有点儿小
fángzi yě yǒudiǎnr xiǎo

□ だんだんと成長していく ➡ 渐渐长大
jiànjiàn zhǎngdà

□ 家がますます狭くなった ➡ 房子越来越窄了
fángzi yuè lái yuè zhǎi le

□ 引っ越したい ➡ 想搬家
xiǎng bānjiā

□ 広くて快適な場所 ➡ 宽敞舒适的地方
kuānchang shūshì de dìfang

CD2-14

14
□ 趣味がたくさんある ➡ 有很多爱好
yǒu hěn duō àihào

□ 読書が好きだ ➡ 喜欢看书
xǐhuan kàn shū

□ 音楽を聴く ➡ 听音乐
tīng yīnyuè

□ 海外へ旅行に行く ➡ 去国外旅行
qù guówài lǚxíng

□ たくさんの国に行ったことがある ➡ 去过很多国家
qùguo hěn duō guójiā

□ 仕事の関係で ➡ 因为工作关系
yīnwei gōngzuò guānxi

□ 中国に行く機会がわりと多い ➡ 去中国的机会比较多
qù Zhōngguó de jīhui bǐjiào duō

☐ 出張に行く ➡ 去出差
qù chūchāi

☐ 観光する時間がほとんどない ➡ 几乎没有时间观光
jīhū méiyou shíjiān guānguāng

CD2 - 15

15 ☐ 外国語にとても興味を持っている ➡ 对外语很感兴趣
duì wàiyǔ hěn gǎn xìngqù

☐ 少し外国語ができる ➡ 会说一些外语
huì shuō yìxiē wàiyǔ

☐ 便利なだけでなく、とても楽しい ➡ 不但方便，而且很愉快
búdàn fāngbiàn, érqiě hěn yúkuài

☐ 電車に乗っている時 ➡ 在坐电车的时候
zài zuò diànchē de shíhou

☐ ラジオ講座を聞く ➡ 听广播讲座
tīng guǎngbō jiǎngzuò

☐ 外国語を勉強する ➡ 学习外语
xuéxí wàiyǔ

☐ 英語と中国語と韓国語が話せる ➡ 会说英语、汉语和韩语
huì shuō Yīngyǔ、Hànyǔ hé Hányǔ

☐ 他の言語も習いたい ➡ 还想学别的语言
hái xiǎng xué biéde yǔyán

CD2 - 16

16 ☐ 野球をする ➡ 打棒球
dǎ bàngqiú

☐ 中学に入ってから ➡ 上初中后
shàng chūzhōng hòu

☐ サッカーをする ➡ 踢足球
tī zúqiú

☐ 大学に入った時 ➡ 上大学时
shàng dàxué shí

☐ テニスのサークルに参加した ➡ 参加了网球社团
cānjiāle wǎngqiú shètuán

	□ 時間が減った	➡	时间减少了 shíjiān jiǎnshǎo le
	□ 体重が逆に増えた	➡	体重却增加了 tǐzhòng què zēngjiā le
	□ スポーツが好きだ	➡	喜欢运动 xǐhuan yùndòng
	□ キャッチボールをする	➡	玩儿投接球 wánr tóujiēqiú

CD2-17

17	□ 私の趣味の1つ	➡	我的爱好之一 wǒ de àihào zhī yī
	□ 一眼レフカメラを何台も持っている	➡	有好几台单反相机 yǒu hǎojǐ tái dānfǎn xiàngjī
	□ レンズもたくさん購入した	➡	买了不少镜头 mǎile bù shǎo jìngtóu
	□ ずっと忙しい	➡	一直很忙 yìzhí hěn máng
	□ ほとんど時間がない	➡	几乎没有时间 jīhū méiyou shíjiān
	□ これらの物を持って写真を撮りに行く	➡	带着这些东西出去拍照 dàizhe zhèixiē dōngxi chūqu pāizhào
	□ 大金をかける	➡	花了不少钱 huāle bù shǎo qián
	□ 何回も使えない	➡	用不了几次 yòngbuliǎo jǐ cì

CD2-18

18	□ 博物館に行って様々な展示を見る	➡	去博物馆看各种展览 qù bówùguǎn kàn gèzhǒng zhǎnlǎn
	□ 静かな博物館内	➡	安静的博物馆里 ānjìng de bówùguǎn li
	□ 有名な書画を鑑賞する	➡	欣赏有名的书画 xīnshǎng yǒumíng de shūhuà

	□ 古い文物	➡	古老的文物 gǔlǎo de wénwù
	□ リラックスした気分になる	➡	觉得很放松 juéde hěn fàngsōng
	□ イヤホンで聞く	➡	用耳机听 yòng ěrjī tīng
	□ 外国語の音声ガイド	➡	外语的语音解说 wàiyǔ de yǔyīn jiěshuō

CD2-19

19	□ カラオケが好きだ	➡	喜欢唱卡拉OK xǐhuan chàng kǎlā OK
	□ 1人で歌いに来るお客さん	➡	一个人来唱歌的客人 yí ge rén lái chànggē de kèren
	□ 1人カラオケボックス	➡	单间卡拉OK dānjiān kǎlā OK
	□ スピーカーがない	➡	没有音箱 méiyou yīnxiāng
	□ ヘッドホンをつけて歌う	➡	带着耳机唱歌 dàizhe ěrjī chànggē
	□ 部屋は比較的に狭い	➡	房间比较窄 fángjiān bǐjiào zhǎi
	□ 思う存分歌う	➡	尽情唱 jìnqíng chàng
	□ 自分の好きな曲	➡	自己喜欢的歌 zìjǐ xǐhuan de gē

CD2-20

20	□ 小さい頃	➡	小时候 xiǎoshíhou
	□ ピアノを習ったことがある	➡	学过钢琴 xuéguo gāngqín
	□ 弾かなくなった	➡	不弹了 bù tán le

	□	高校に入ってから	➡ 上高中以后 shàng gāozhōng yǐhòu
	□	ギターを習い始める	➡ 开始学吉他 kāishǐ xué jítā
	□	バンドを組んだ	➡ 组了一个乐队 zǔle yí ge yuèduì
	□	ギターを弾くのが大好きだ	➡ 非常喜欢弹吉他 fēicháng xǐhuan tán jítā
	□	練習は大変だったけれど	➡ 尽管练习很辛苦 jǐnguǎn liànxí hěn xīnkǔ
	□	仕事をするようになってから	➡ 工作以后 gōngzuò yǐhòu
	□	めったに弾かなくなってしまった	➡ 很少弹了 hěn shǎo tán le

CD2-21

21	□	1杯のコーヒーから始まる	➡ 从一杯咖啡开始 cóng yì bēi kāfēi kāishǐ
	□	コーヒーの香り	➡ 咖啡的香味儿 kāfēi de xiāngwèir
	□	1日に平均4、5杯は飲む	➡ 一天平均喝四、五杯 yì tiān píngjūn hē sì、wǔ bēi
	□	こんな苦いものを飲んでいる	➡ 喝这么苦的东西 hē zhème kǔ de dōngxi
	□	コーヒー中毒になる	➡ 对咖啡上瘾 duì kāfēi shàngyǐn
	□	本当に不思議なものだ	➡ 真是不可思议 zhēnshi bùkěsīyì

CD2-22

22	□	お酒が好きだ	➡ 喜欢喝酒 xǐhuan hē jiǔ
	□	私も同じだ	➡ 我也一样 wǒ yě yíyàng

	□	ビール、ワイン、日本酒など	➡ 啤酒、葡萄酒、日本酒什么的 píjiǔ、pútaojiǔ、rìběnjiǔ shénmede
	□	ビールを飲み過ぎる	➡ 啤酒喝得太多 píjiǔ hēde tài duō
	□	お腹が少し出っ張ってきた	➡ 肚子有点儿鼓起来了 dùzi yǒudiǎnr gǔqǐlai le
	□	私にとって	➡ 对我来说 duì wǒ lái shuō
	□	1つの愉快なこと	➡ 一件愉快的事 yí jiàn yúkuài de shì
	□	健康に注意する	➡ 注意健康 zhùyì jiànkāng

CD2-23

23	□	たばこが吸える場所	➡ 可以抽烟的地方 kěyǐ chōuyān de dìfang
	□	ますます少なくなる	➡ 越来越少 yuè lái yuè shǎo
	□	たばこをやめる人	➡ 戒烟的人 jiè yān de rén
	□	健康に影響する	➡ 影响健康 yǐngxiǎng jiànkāng
	□	百害あって一利なし	➡ 有百害无一利 yǒu bǎi hài wú yí lì
	□	たばこを吸う人	➡ 抽烟的人 chōuyān de rén
	□	この道理が分かっていない	➡ 不懂这个道理 bù dǒng zhèige dàolǐ
	□	1つの容易なこと	➡ 一件容易的事 yí jiàn róngyì de shì

CD2-24

24	□	大部分の日本人大学生	➡ 大多日本大学生 dàduō Rìběn dàxuéshēng

- □ 大学3年生から ➡ 从大三
  cóng dà sān
- □ 就職活動を始める ➡ 开始找工作
  kāishǐ zhǎo gōngzuò
- □ 面接を受ける ➡ 接受面试
  jiēshòu miànshì
- □ 会社で一定の時期にインターンをする ➡ 在公司实习一段时间
  zài gōngsī shíxí yí duàn shíjiān
- □ 大学を卒業する ➡ 大学毕业
  dàxué bìyè
- □ 入社して働く ➡ 进入公司工作
  jìnrù gōngsī gōngzuò

CD2-25

25
- □ 会社で働く ➡ 在公司工作
  zài gōngsī gōngzuò
- □ 会議は避けられない ➡ 免不了开会
  miǎnbuliǎo kāihuì
- □ 会議が特に多い ➡ 会议特别多
  huìyì tèbié duō
- □ 長時間を費やす ➡ 花很长时间
  huā hěn cháng shíjiān
- □ 会議が大嫌いだ ➡ 讨厌开会
  tǎoyàn kāihuì
- □ 平社員としては ➡ 作为一个普通职员
  zuòwéi yí ge pǔtōng zhíyuán
- □ このような状況を変える ➡ 改变这种情况
  gǎibiàn zhèi zhǒng qíngkuàng
- □ 愚痴をこぼす ➡ 发牢骚
  fā láosao

CD2-26

26
- □ 会社からとても遠い ➡ 离公司很远
  lí gōngsī hěn yuǎn

	□ 1時間半かかる	➡	需要一个半小时 xūyào yí ge bàn xiǎoshí
	□ 通勤ラッシュの時	➡	上下班高峰时 shàngxiàbān gāofēng shí
	□ めちゃくちゃ混む	➡	挤得要命 jǐde yàomìng
	□ なるべく早めに出かける	➡	尽量早出门 jǐnliàng zǎo chūmén
	□ 一番混む時を避ける	➡	避开最挤的时候 bìkāi zuì jǐ de shíhou
	□ ラジオ講座を聞くか小説を読む	➡	听广播讲座或看小说 tīng guǎngbō jiǎngzuò huò kàn xiǎoshuō

CD2-27

27	□ 10数人しかいない	➡	只有十几个人 zhǐ yǒu shí jǐ ge rén
	□ みんなの関係	➡	大家的关系 dàjiā de guānxi
	□ 基本的にはいい	➡	基本上还可以 jīběnshàng hái kěyǐ
	□ わりと付き合いにくい人	➡	比较难相处的人 bǐjiào nán xiāngchǔ de rén
	□ 会社にいる時間	➡	在公司的时间 zài gōngsī de shíjiān
	□ 人間関係はとても重要だ	➡	人际关系是很重要的 rénjì guānxi shì hěn zhòngyào de
	□ 仕事が終わった後	➡	下班后 xiàbān hòu
	□ 一緒に飲みに行く	➡	一起去喝酒 yìqǐ qù hē jiǔ
	□ ちょっとリラックスする	➡	放松一下 fàngsōng yíxià

CD2-28

28 □ 出張の機会 ➡ 出差的机会
chūchāi de jīhuì

□ ちょっと疲れるけれど ➡ 虽然有点儿累
suīrán yǒudiǎnr lèi

□ 新鮮な感じがある ➡ 有新鲜感
yǒu xīnxiāngǎn

□ ローカル色のある料理 ➡ 当地特色的饭菜
dāngdì tèsè de fàncài

□ 出張が好きだ ➡ 很喜欢出差
hěn xǐhuan chūchāi

□ 四川料理が大好きだ ➡ 爱吃四川菜
ài chī sìchuāncài

□ 是非食べてみたい ➡ 一定要尝尝
yídìng yào chángchang

□ 本場の麻婆豆腐 ➡ 正宗的麻婆豆腐
zhèngzōng de mápódòufu

CD2-29

29 □ 給料はいくら？ ➡ 工资多少钱
gōngzī duōshao qián

□ 最初はびっくりした ➡ 一开始我很吃惊
yì kāishǐ wǒ hěn chījīng

□ 少し慣れました ➡ 有些习惯了
yǒuxiē xíguàn le

□ 毎月の給料 ➡ 每月的工资
měi yuè de gōngzī

□ 税金などを引いた ➡ 扣了税金什么的
kòule shuìjīn shénmede

□ 大して残らない ➡ 剩不了多少
shèngbuliǎo duōshao

□ 家のローンを返済する ➡ 还房贷
huán fángdài

	□ お金をためることなどできない	➡	没法存钱 méifǎ cún qián

CD2-30

30	□ 個人業績に基づいて	➡	根据个人业绩 gēnjù gèrén yèjì
	□ ボーナスを支給する	➡	发奖金 fā jiǎngjīn
	□ ほとんどの正社員	➡	大多正式职员 dàduō zhèngshì zhíyuán
	□ より能力を重視する	➡	更注重能力 gèng zhùzhòng nénglì
	□ より平等を重視する	➡	更注重平等 gèng zhùzhòng píngděng
	□ どちらがいいと思う	➡	你觉得哪个好 nǐ juéde něige hǎo

CD2-31

31	□ 業務が忙しい時	➡	业务忙的时候 yèwù máng de shíhou
	□ 残業が必要	➡	需要加班 xūyào jiābān
	□ 仕方のないこと	➡	没办法的事情 méi bànfǎ de shìqing
	□ 上司がまだ帰らない	➡	上司还没走 shàngsi hái méi zǒu
	□ 先に帰宅するのは恥ずかしい	➡	不好意思先回家 bù hǎoyìsi xiān huí jiā
	□ 残業代を稼ぐ	➡	赚加班费 zhuàn jiābān fèi
	□ わざと時間を引き延ばす	➡	故意拖延时间 gùyì tuōyán shíjiān
	□ 実に意味がない	➡	实在没有意义 shízài méiyou yìyì

CD2-32

32 □ 日本の会社員 ➡ 日本的公司职员 Rìběn de gōngsī zhíyuán

□ 1つの会社で定年まで働く ➡ 在一个公司工作到退休 zài yí ge gōngsī gōngzuòdào tuìxiū

□ マイナスな印象をもたらす ➡ 带来负面印象 dàilai fùmiàn yìnxiàng

□ ここ数年 ➡ 近年来 jìnnián lái

□ 転職する人 ➡ "跳槽"的人 "tiàocáo"de rén

□ 従業員の経験と能力 ➡ 员工的经验和能力 yuángōng de jīngyàn hé nénglì

□ 高い賃金を払うのを惜しまない ➡ 不惜付高的工资 bùxī fù gāo de gōngzī

□ 人材発掘をする ➡ 挖掘人才 wājué réncái

CD2-33

33 □ 1日の中でとても重要なこと ➡ 一天中很重要的事 yì tiān zhōng hěn zhòngyào de shì

□ 体を清潔にする ➡ 清洁身体 qīngjié shēntǐ

□ 身心をリラックスさせる ➡ 使身心得到放松 shǐ shēnxīn dédào fàngsōng

□ 1日の疲れ ➡ 一天的劳累 yì tiān de láolèi

□ 皆消えた ➡ 都消失了 dōu xiāoshī le

□ お風呂に浸かる ➡ 泡在澡盆里 pàozài zǎopén li

□ 考え事をする ➡ 想事情 xiǎng shìqing

	□ 私の多くの重要な決定	➡	我的很多重要决定 wǒ de hěn duō zhòngyào juédìng

CD2-34

34	□ 1つのアンケート調査	➡	一项问卷调查 yí xiàng wènjuàn diàochá
	□ 40代の日本人	➡	四十多岁的日本人 sìshí duō suì de Rìběnrén
	□ 約半分の人	➡	大约一半的人 dàyuē yíbàn de rén
	□ 6時間未満	➡	不超过六个小时 bù chāoguò liù ge xiǎoshí
	□ 毎日12時過ぎに寝る	➡	每天十二点多睡觉 měitiān shí'èr diǎn duō shuìjiào
	□ この調査結果とほぼ一致している	➡	跟这项调查的结果差不多 gēn zhèi xiàng diàochá jiéguǒ chàbuduō

CD2-35

35	□ 日本は温泉が多い	➡	日本温泉很多 Rìběn wēnquán hěn duō
	□ 多くの日本人と同じ	➡	跟许多日本人一样 gēn xǔduō Rìběnrén yíyàng
	□ 家族と一緒に行くつもりだ	➡	打算和家人一起去 dǎsuan hé jiārén yìqǐ qù
	□ 雪を見ながら温泉に入る	➡	一边赏雪一边泡温泉 yìbiān shǎng xuě yìbiān pào wēnquán
	□ 機会があったら	➡	有机会的话 yǒu jīhui dehuà

CD2-36

36	□ 一緒にお酒を飲む集まり	➡	一起喝酒的聚会 yìqǐ hē jiǔ de jùhuì
	□ ないようだ	➡	好像没有 hǎoxiàng méiyou

	□ ぴったり対応する言葉	➡	完全对应的词 wánquán duìyìng de cí
	□ 一般的に、お酒を欠くことができない	➡	一般也少不了酒 yìbān yě shǎobuliǎo jiǔ
	□ お酒を飲むことを前提にする集まり	➡	以喝酒为前提的聚会 yǐ hē jiǔ wéi qiántí de jùhuì

CD2-37

37	□ 時刻通りで有名だ	➡	因准时而有名 yīn zhǔnshí ér yǒumíng
	□ 特別な状況以外は	➡	除了特殊情况以外 chúle tèshū qíngkuàng yǐwài
	□ 定刻に発着する	➡	准点出发到达 zhǔndiǎn chūfā dàodá
	□ 20 秒早く出発した	➡	早出发了二十秒 zǎo chūfāle èrshí miǎo
	□ 公に謝罪した	➡	做了公开道歉 zuòle gōngkāi dàoqiàn
	□ 多くの国の人たちをとても驚かせた	➡	让很多国家的人们感到非常惊讶 ràng hěn duō guójiā de rénmen gǎndào fēicháng jīngyà

CD2-38

38	□ 交通が渋滞する	➡	交通拥堵 jiāotōng yōngdǔ
	□ 排気ガス	➡	汽车尾气 qìchē wěiqì
	□ 大気汚染を作り出した	➡	造成了大气污染 zàochéngle dàqì wūrǎn
	□ 大都市の公共交通はとても発達している	➡	大城市的公共交通很发达 dà chéngshì de gōnggòng jiāotōng hěn fādá
	□ 車で出かける	➡	开车出门 kāichē chūmén
	□ 人は決して多くない	➡	人并不很多 rén bìng bù hěn duō

☐ 日本に見習うべきだ ➡ 应该向日本学习
yīnggāi xiàng Rìběn xuéxí

CD2-39

39 ☐ タクシーはサービスがとてもいい ➡ 出租车服务很好
chūzūchē fúwù hěn hǎo

☐ 値段が高い ➡ 价格很贵
jiàgé hěn guì

☐ 特別な状況がない ➡ 没有特殊情况
méiyou tèshū qíngkuàng

☐ あまりタクシーを使わない ➡ 很少打车
hěn shǎo dǎchē

☐ 日本と比べて ➡ 和日本相比
hé Rìběn xiāngbǐ

☐ 一般庶民にとって比較的に受け入れやすい ➡ 容易被老百姓接受
róngyì bèi lǎobǎixìng jiēshòu

☐ スマホアプリでタクシーを呼んだり、支払いをしたりする ➡ 用手机软件叫车并支付
yòng shǒujī ruǎnjiàn jiào chē bìng zhīfù

CD2-40

40 ☐ 安全と快適さと速さ ➡ 安全、舒适和快捷
ānquán、shūshì hé kuàijié

☐ 発展が非常に速い ➡ 发展非常迅速
fāzhǎn fēicháng xùnsù

☐ 長さにおいても速度においても ➡ 无论长度还是速度
wúlùn chángdù háishi sùdù

☐ 高速鉄道に乗ったことがある ➡ 坐过高铁
zuòguo gāotiě

CD2-41

41 ☐ 自炊する ➡ 在家做菜
zài jiā zuòcài

☐ 外食する ➡ 在外面吃
zài wàimiàn chī

	□ 料理するのが好きだ ➡	喜欢做菜 xǐhuan zuòcài
	□ 料理しながらビールを飲む ➡	一边做菜一边喝啤酒 yìbiān zuòcài yìbiān hē píjiǔ
	□ 失敗することもある ➡	有时会失败 yǒushí huì shībài
	□ 自分でもびっくりするくらいおいしい味 ➡	连自己都吃惊的美味 lián zìjǐ dōu chījīng de měiwèi
	□ 自炊の１つの楽しみ ➡	自己做菜的一种乐趣 zìjǐ zuòcài de yì zhǒng lèqù

CD2-42

42	□ 生活リズムが速い ➡	生活节奏很快 shēnghuó jiézòu hěn kuài
	□ さまざまなファストフード店 ➡	各种各样的快餐店 gèzhǒng gèyàng de kuàicāndiàn
	□ ファストフード店と言えば ➡	说到快餐店 shuōdào kuàicāndiàn
	□ マクドナルドなどの西洋レストラン ➡	麦当劳等西式餐厅 Màidāngláo děng xīshì cāntīng
	□ 中華ファストフード店 ➡	中式快餐店 zhōngshì kuàicāndiàn
	□ 是非食べてみる ➡	一定去尝尝看 yídìng qù chángchang kàn

CD2-43

43	□ 刻んだネギと塩少々 ➡	葱花和盐少许 cōnghuā hé yán shǎoxǔ
	□ まずたまごを炒める ➡	先炒鸡蛋 xiān chǎo jīdàn
	□ 切ったトマト ➡	切好的西红柿 qiēhǎo de xīhóngshì
	□ トマトと同じくらいのサイズに切る ➡	切成跟西红柿差不多的大小 qiēchéng gēn xīhóngshì chàbuduō de dàxiǎo

□ トマトの汁が出るまで炒める ➡ 炒到西红柿汁出来
chǎodào xīhóngshì zhī chūlai

□ 塩と刻んだネギを入れる ➡ 加盐和葱花
jiā yán hé cōnghuā

CD2-44

44 □ デザートは別腹 ➡ 甜点有另一个肚子来装
tiándiǎn yǒu lìng yí ge dùzi lái zhuāng

□ もうお腹がいっぱい ➡ 已经吃饱了
yǐjīng chībǎo le

□ デザートならまだ食べられる ➡ 吃得下甜点
chīdexià tiándiǎn

□ 余分なカロリーを摂取する ➡ 摄取过多的热量
shèqǔ guò duō de rèliàng

CD2-45

45 □ 冷たい水を飲む ➡ 喝凉水
hē liángshuǐ

□ 特に年配の方 ➡ 尤其是岁数大的人
yóuqí shì suìshu dà de rén

□ 冷たい水が飲めない ➡ 喝不了凉水
hēbuliǎo liángshuǐ

□ 日本へ旅行に来る中国人 ➡ 来日本旅游的中国人
lái Rìběn lǚyóu de Zhōngguórén

□ 中国の旅行客 ➡ 中国游客
Zhōngguó yóukè

□ お湯または暖かいお茶を用意する ➡ 准备热水或热茶
zhǔnbèi rèshuǐ huò rè chá

CD2-46

46 □ 中国語で言うと ➡ 用汉语说
yòng Hànyǔ shuō

□ 食べ放題 ➡ 吃到饱
chīdàobǎo

	□	日本の影響を受ける	➡ 受日本的影响 shòu Rìběn de yǐngxiǎng
	□	こういうサービスはとてもお得ですが	➡ 这种服务虽然很划算 zhèi zhǒng fúwù suīrán hěn huásuàn
	□	つい食べすぎてしまう	➡ 容易吃得过多 róngyì chīde guò duō
	□	健康にあまりよくない	➡ 对健康不太好 duì jiànkāng bú tài hǎo

CD2-47

47	□	屋台と言えば	➡ 说到小吃摊 shuōdào xiǎochītān
	□	焼きそばやたこ焼き	➡ 炒面和章鱼丸子 chǎomiàn hé zhāngyú wánzi
	□	おいしいだけでなく	➡ 不仅味道好 bùjǐn wèidao hǎo
	□	雰囲気もにぎやかだ	➡ 气氛也十分热闹 qìfen yě shífēn rènao
	□	食べながらおしゃべりをする	➡ 边吃边聊 biān chī biān liáo

CD2-48

48	□	日本人の好みに合わせる	➡ 迎合日本人的口味 yínghé Rìběnrén de kǒuwèi
	□	多くのいわゆる中華料理	➡ 很多所谓的中国菜 hěn duō suǒwèi de zhōngguócài
	□	本場の中華料理店	➡ 地道的中国菜餐厅 dìdao de zhōngguócài cāntīng
	□	新しい中華街に変わる	➡ 变成新的中华街 biànchéng xīn de zhōnghuájiē

CD2-49

49	□	身長は 170 センチ	➡ 身高一米七 shēngāo yì mǐ qī

	□ 体重は 72 キロ	➡	体重七十二公斤 tǐzhòng qīshi'èr gōngjīn
	□ 身長と比べて	➡	和身高相比 hé shēngāo xiāngbǐ
	□ 少し重いことが目立つ	➡	显得有些重 xiǎnde yǒuxiē zhòng
	□ ダイエットするようにと私に勧める	➡	劝我减肥 quàn wǒ jiǎnféi
	□ 自分をコントロールする	➡	控制自己 kòngzhì zìjǐ

CD2-50

50	□ 健康診断が大嫌いだ	➡	讨厌体检 tǎoyàn tǐjiǎn
	□ 採血が怖い	➡	害怕采血 hàipà cǎixiě
	□ 健康診断の結果を見るのが怖い	➡	害怕看体检结果 hàipà kàn tǐjiǎn jiéguǒ
	□ 結果の封筒を開ける	➡	打开结果的信封 dǎkāi jiéguǒ de xìnfēng
	□ 普段きちんと勉強しない	➡	平时不好好儿学习 píngshí bù hǎohāor xuéxí
	□ 遊んでばかりいる学生	➡	贪玩儿的学生 tānwánr de xuésheng
	□ 成績通知書を受け取る	➡	收到成绩通知书 shōudào chéngjì tōngzhīshū

CD2-51

51	□ 深刻な病気を引き起こす	➡	引起严重的疾病 yǐnqǐ yánzhòng de jíbìng
	□ 専門家は言う	➡	专家说 zhuānjiā shuō
	□ 食事と運動に気をつける	➡	注意饮食和运动 zhùyì yǐnshí hé yùndòng

	□ 言うは易く行うは難し	➡	说起来容易，做起来难 shuōqǐlai róngyì, zuòqǐlai nán

CD2-52

52	□ 約4分の1	➡	大约四分之一 dàyuē sì fēn zhī yī
	□ 花粉症である	➡	有花粉症 yǒu huāfěnzhèng
	□ 深刻な病気には入らない	➡	不算严重的病 bú suàn yánzhòng de bìng
	□ 生活や仕事への影響	➡	对生活和工作的影响 duì shēnghuó hé gōngzuò de yǐngxiǎng
	□ 花粉症になる人	➡	得花粉症的人 dé huāfěnzhèng de rén

CD2-53

53	□ 歯医者	➡	牙科医院 yákē yīyuàn
	□ コンビニよりももっと多い	➡	比便利店还多 bǐ biànlìdiàn hái duō
	□ 本当に人を驚かせる	➡	真令人吃惊 zhēn lìng rén chījīng
	□ 虫歯がある日本人	➡	有虫牙的日本人 yǒu chóngyá de Rìběnrén
	□ 確かに中国人よりも多い	➡	的确比中国人多 díquè bǐ Zhōngguórén duō
	□ 日本人と比べて	➡	和日本人相比 hé Rìběnrén xiāngbǐ
	□ 歯に対する健康管理意識	➡	对牙齿的健康管理意识 duì yáchǐ de jiànkāng guǎnlǐ yìshi

CD2-54

54	□ 近くの個人病院	➡	附近的私人医院 fùjìn de sīrén yīyuàn

	□ 個人病院はめったにない	➡	很少有私人医院 hěn shǎo yǒu sīrén yīyuàn
	□ 受付・診察・薬をもらう・支払うなど	➡	挂号、就诊、拿药、付费等 guàhào、jiùzhěn、ná yào、fùfèi děng
	□ 長い時間、列に並ばなければならない	➡	要排很长时间队 yào pái hěn cháng shíjiān duì

CD2-55

55	□ パソコンとスマートフォン	➡	电脑和智能手机 diànnǎo hé zhìnéng shǒujī
	□ 長時間ずっと画面を見つめる	➡	长时间盯着画面 cháng shíjiān dīngzhe huàmiàn
	□ 少なくとも１時間おきに	➡	最少隔一个小时 zuìshǎo gé yí ge xiǎoshí
	□ ちょっと目を休める	➡	休息一下眼睛 xiūxi yíxià yǎnjing
	□ 遠いところの景色	➡	远处的风景 yuǎnchù de fēngjǐng
	□ 効果的に視力を守る	➡	有效地保护视力 yǒuxiào de bǎohù shìlì

CD2-56

56	□ どんな運動をしていますか	➡	做什么运动 zuò shénme yùndòng
	□ 音楽を聴きながらジョギングをする	➡	一边听音乐一边跑步 yìbiān tīng yīnyuè yìbiān pǎobù
	□ 全身汗をかいている感覚	➡	出一身汗的感觉 chū yì shēn hàn de gǎnjué
	□ 気分も非常に爽快だ	➡	心情也非常舒畅 xīnqíng yě fēicháng shūchàng
	□ よければ試してみてください	➡	不妨试试看 bùfáng shìshi kàn

CD2-57

57 □ チャイナドレスを思い出す ➡ 想到旗袍
xiǎngdào qípáo

□ 起源はどうであろうと ➡ 无论起源如何
wúlùn qǐyuán rúhé

□ 中国の代表的な伝統服装 ➡ 中国具有代表性的传统服装
Zhōngguó jùyǒu dàibiǎoxìng de chuántǒng fúzhuāng

CD2-58

58 □ 外国人に好かれている ➡ 受到很多外国人的青睐
shòudào hěn duō wàiguórén de qīnglài

□ 着物を着る体験をしてみたい ➡ 希望体验穿和服
xīwàng tǐyàn chuān héfú

□ とても時間がかかる ➡ 很费时间
hěn fèi shíjiān

□ だからこそ ➡ 正因为如此
zhèng yīnwei rúcǐ

CD2-59

59 □ 入浴後に着る薄い生地の着物 ➡ 入浴后穿的薄布长衣
rùyù hòu chuān de báo bù chángyī

□ 花火大会を開催する ➡ 举行烟火大会
jǔxíng yānhuǒ dàhuì

□ 浴衣を着て参加する ➡ 穿着浴衣去参加
chuānzhe yùyī qù cānjiā

□ 1つの夏のさわやかで美しい風景 ➡ 一道清新亮丽的风景
yí dào qīngxīn liànglì de fēngjǐng

CD2-60

60 □ 身なりを重視する ➡ 注重着装
zhùzhòng zhuózhuāng

□ 結婚式と入学式 ➡ 婚礼和开学典礼
hūnlǐ hé kāixué diǎnlǐ

□	もちろん言うまでもなく	➡	自然不用说 zìrán búyòng shuō
□	場に相応しい衣服を着る	➡	穿着得体的衣服 chuānzhuó détǐ de yīfu
□	個性を重視する人	➡	注重个性的人 zhùzhòng gèxìng de rén

1 ～ 60 課の本文中の語句を、ピンイン順に掲載し、初出のページ番号を付しました。

D

E

F

G

H

J

K

L

R

S

T

W

X

Z

著者プロフィール

李 軼倫（り・いつりん）

北京市出身。東京外国語大学大学院博士課程単位取得。専門は中国語文法・教育。東京外国語大学、早稲田大学など非常勤講師。NHK 国際放送の中国語ニュースなど多数の番組に出演し、フリーランスのナレーター･声優としても活動中。NHK ラジオ講座「レベルアップ中国語」（2016 年）、「まいにち中国語」（2018 年）講師。著書：『はじめよう中国語音読 中級編』（アスク出版）、『これからはじめる中国語入門』『李軼倫先生と学ぶ はじめての中国語』（NHK 出版）、『李先生の中国語ライブ授業』『ちょこっと中国語翻訳 ネイティヴらしく表現するコツ』（白水社）、共著：『これならわかる中国語文法』（NHK 出版）、『中国語解体新書』（駿河台出版社）など多数。

本書および音声、動画に関するお問合せは

アスクユーザーサポートセンター

https://www.ask-books.com/support/

〒 162-8558　東京都新宿区下宮比町 2-6

メールでのお問合せ　support@ask-digital.co.jp

お問合せ 　ご意見･ご感想 

[音声 DL 版] はじめよう中国語音読　初級編

（本書は 2019 年 12 月 20 日に発行された同名書籍の「音声 DL 版」です）

2019 年 12 月 20 日　初版　第 1 刷　発行
2023 年　6 月 13 日　［音声 DL 版］初版　第 1 刷　発行

著者　李 軼倫

中国語ナレーション　李 軼倫
日本語ナレーション　高野涼子
デザイン　岡崎裕樹
イラスト　カミヤマリコ

発行人　天谷修身

発行　株式会社アスク　〒162-8558　東京都新宿区下宮比町 2-6
TEL: 03-3267-6863　FAX: 03-3267-6867
URL: https://www.ask-books.com/

印刷・製本　株式会社 広済堂ネクスト

ISBN: 978-4-86639-643-9